L'ÉPREUVE DE LA MONDIALISATION SALARIALE

Espaces interculturels

Collection dirigée par Emmanuel Jovelin et Claudio Bolzman

La conjoncture mondiale dans laquelle nous vivons rend la question des contacts et des relations entre les cultures plus actuelle que jamais. « Espaces interculturels », collection de l'Association pour la Recherche Interculturelle (ARIC), créée depuis 1995, vise à prendre place dans la confrontation d'idées et des débats actuels, en privilégiant les perspectives pluridisciplinaires. Elle publie des travaux de qualité présentant des descriptions et analyses de recherches interculturelles, des articulations entre recherche et pratique, des réflexions théoriques, des synthèses, des monographies et des actes des congrès et colloques de l'ARIC.

La collection publie des travaux traitant des thèmes suivants : Les phénomènes liés aux contacts entre les groupes socio-culturels ; les conditions d'existence des sociétés multiculturelles ; l'articulation entre les différents niveaux d'approche, et également de la confrontation internationale des points de vue, des théories et des pratiques ; les contacts entre personnes ou entre groupes sociaux se réclamant de cultures différentes et processus de changements individuels et collectifs résultant de ces contacts au sein d'une société ou d'un Etat, ou entre sociétés et Etats etc.

Comité de lecture

BRAHIM LABARI

L'ÉPREUVE DE LA MONDIALISATION SALARIALE

Ce que le travail mondialisé fait aux populations du Maroc

L'Harmattan

Du même auteur

Recettes islamiques et appétits politiques (2002)
Le Sud face aux délocalisations (2007)
Sociologie des délocalisations (2014)

5-7, rue de l'École-Polytechnique – 75005 Paris
www.editions-harmattan.fr
ISBN : 978-2-343-20046-0
EAN : 9782343200460

Je dédie cet ouvrage à mon épouse Khadija et à mon fils Amanay.
Je leur suis éternellement reconnaissant de leurs
encouragements et de leur patience

Introduction

Le processus de la mondialisation s'impose aujourd'hui comme un enjeu majeur des transformations des sociétés contemporaines. Il n'est pas un état de fait, mais une succession d'étapes plus ou moins longues structurant toutes les dimensions de la vie. Ce processus peut être défini à partir des traits suivants qui se conjuguent dans un élan commun : l'ouverture du marché, les facilités douanières et la nouvelle organisation du commerce consacrant le libre-échange, les nouvelles technologies de l'information et de la communication fournissent aux entreprises la possibilité de s'élargir. Multinationales, délocalisations, relocalisations, transferts de production, investissements directs à l'étranger (IDE), importations en provenance des pays « à bas salaires » sont autant de manifestations de la stratégie des entreprises visant à élargir leur horizon. Ce processus peut paraître inéluctable dans une perspective économique axée sur la concurrence, consacrant ainsi la suprématie du paradigme économiciste, mais elle peut s'élaborer de manière polymorphe et contradictoire dans une perspective sociologique.

Cet ouvrage rassemble un certain nombre de travaux issus de mes terrains de recherche sur le travail et les travailleurs au Maroc. Il vise *in fine* à partager la conception selon laquelle l'internationalisation des entreprises n'est pas un simple déplacement spatial de ce qui existe *ici* vers un *là-bas* proche ou lointain. Le processus de la mondialisation donne lieu à une confrontation et à des ajustements variables, où le métissage des modes de gestion et des normes ne saurait être évacué. Ainsi, certains éléments allogènes introduits dans les pays du Sud peuvent avoir des effets non négligeables sur les entreprises autochtones et sur les représentations et expériences du travail des salariés « locaux ». Le processus de la mondialisation impacte grandement sur les mutations du travail et de ses valeurs à telle enseigne que certains savoir-faire transférés peuvent être réappropriés et réinterprétés par des populations locales en fonction des contextes locaux et des enjeux qui fondent la vie sociale. De même que s'ajustent des modes et des normes du travail ; que s'affrontent des législations nationales différentes, surtout dans leurs appréhensions et leurs mises en œuvre, le travail est une donnée essentielle sur laquelle pèse le processus de la mondialisation, changeant sa nature, son contenu, ses cadences, voire sa valeur et ses représentations.

Si l'on admet que le processus de la mondialisation est une donnée complexe dont les incidences sur les sociétés et les cultures sont significatives, nos recherche sur le terrain éclairent plutôt le déploiement des résistances locales destinées à en « réguler » la matrice, voire à en « humaniser » les effets. Il est devenu ainsi un enjeu de querelle entre les partisans de la mondialisation libérale et les altermondialistes dans tous les pays, développés comme émergents. J'ai débuté mes recherches en sociologie du travail juste après la soutenance de mon mémoire de DEA à l'université de Paris X sous la direction de Georges Benguigui, alors directeur de recherches au CNRS. C'était en 1996 dans une option que dirigeait rigoureusement Lucie Tanguy « Formation – Emploi – Travail ». Depuis, toutes les recherches que j'ai effectuées portaient sur les transformations de la société marocaine à l'aune des mutations du travail et de sur le travail, je m'étais intéressé aux immigrés marocains établis en France. Je l'ai fait en introduisant l'effet-génération.
La première génération s'est déployée dans le « salariat d'exécution » en étant recrutée en masse pour le compte des entreprises françaises du secteur automobile ou dans les mines essentiellement. Driss Chraïbi décrivait avec son talent de littérateur, les conditions de vie de ces immigrés nord-africains, les *Boucs*, « parqués en marge de notre monde et qui, "à raison de 69 kilos par Arabe",

représentent, dans les années cinquante, "20 000 tonnes de souffrance" » (Chraïbi, 1954). Toujours, dans le registre, Tahar Benjelloun (1977) décrivait aussi par le menu l'aliénation du déracinement et de l'éclatement familial. D'un point de vue sociologique, le livre classique de Robert Linhart (1978) a mis en évidence l'aliénation ouvrière des classes populaires composées en partie par les immigrés africains et nord-africains. L'apprentissage de la vie d'atelier rappelle l'expérience de Mouloud magistralement décrite par R. Linhart : intensité du travail, sommeil perturbé – entre autres effets.

Cette première génération se caractérise primordialement par un attachement au pays de provenance en y faisant vivre les leurs, en participant extensivement au développement de leur *douar* (souscription pour la construction des mosquées ou de routes le plus souvent dans des montagnes enclavées et autarciques). Mais l'audace entrepreneuriale n'y était pas encore présente puisque leur participation se résumait à des opérations collectives d'aide au développement de leur région. Dans l'entreprise française des années soixante et soixante-dix, un travailleur maghrébin se reconnaît d'abord dans sa culture d'origine et n'est que faiblement informé sur ses droits de travail et de résidence au sein de la société d'accueil. L'histoire de la modernisation politique et économique, l'importance accordée à la laïcité le préparent très peu à accueillir une demande qui se situe en partie en dehors du courant religieux dominant : l'intégration dans une société caractérisée par la séparation du religieux et du politique est difficilement acceptable. Lorsqu'il s'agira de construire des mosquées, d'organiser des systèmes d'abattage rituel des animaux, de régler la vie scolaire de façon à respecter les croyances du groupe ou d'instituer des lieux de prière dans la vie de travail, c'est aux représentants de l'État qu'on s'adressera sans se soucier de l'effet que de telles demandes peuvent avoir sur un équilibre fragile entre les groupes sociaux déjà installés. On est là au cœur du paradigme du travailleur migrant de l'industrie fordiste prévalant dans les pays européens.

La deuxième génération, née sur le sol français et s'étant imprégnée de ses valeurs, us et coutumes, se voit tirailler entre deux exigences difficilement conciliables : à la fois gérer l'héritage légué par la famille et faire montre d'une allégeance au-delà de tout soupçon à la France. Or, la réalité du processus de socialisation vécue par cette jeunesse issue de l'immigration, notamment dans le cadre de l'institution scolaire fait apparaître une interaction et un partage, s'opérant sur un mode clairement inégal : les traits de la société de résidence l'emportant très nettement sur ceux qui relèvent de la société d'origine. Cette donne a entraîné une charge taxinomique de la première génération pour nommer ses enfants « Enfants illégitimes ». Je renvoie ici aux différentes contributions d'Abdelmalek Sayad publiées dans la revue fondée par Pierre Bourdieu *Actes de la recherche en sciences sociales* (ARSS). Lesquels articles portaient le titre d'enfants illégitimes. C'est souligner en l'occurrence que la rupture est vraiment brutale.

Contrairement à son aîné, le jeune issu de l'immigration maghrébine, citoyen français de surcroit, sait lire et écrire et dispose d'un capital culturel[1] tel que l'usine ne devient plus sa seule chance d'emploi. La répartition de la deuxième génération au sein du marché du travail est plus diversifiée et embrasse tous les secteurs de la vie active. Mais c'est de cette période qu'est né et a prospéré un entrepreneuriat immigrant en France, et plus largement en Europe – qui n'est pas ethnique, en ce sens que l'acte entrepreneurial est un comportement économique dans l'univers marchand national. Mais cette forme d'entrepreneuriat remplit aussi une fonction idéologique et politique.

---

[1] Sur ce concept et ses différentes acceptions, voir P. Bourdieu, *La distinction. Critique sociale du jugement*, 1979.

Le livre s'ouvre sur la place de la sociologie du travail au Maroc trop longtemps éclipsée par l'hégémonie du rural et du politique et du tribut de la décolonisation de la connaissance sociologique. Mais la crise et l'internationalisation des entreprises reposent la question du travail et de l'emploi dans le champ académique. Le travail en tant qu'objet de recherche a longtemps occupé nos collègues économistes, mais la logique disciplinaire n'est peut-être pas la voie la plus efficiente pour rendre compte de la complexité du monde du travail. Deux questions montrent les limites de cette logique : le délaissement du paradigme de classe et la négligence des catégories de sexe.

Dans un deuxième volet de cet ouvrage, il est question de quelques considérations empiriques sur la sociologie du recrutement, saisies depuis le cas des entreprises françaises délocalisées au Maroc. Je me suis attaché à faire ressortir, par une méthodologie fouillée, les dits et les non-dits quant à la sélection des travailleurs.

Ce que font les salariés marocains du/au travail occupe la suite de la réflexion (salarisation, conditions de travail, subjectivités et résistances au travail...). L'occasion de proposer ce que l'entreprise en tant qu'organisation marchande représente pour les salariés marocains : on est ici au cœur de la valeur-travail qui a occupé bon nombre de sociologues. De même l'entreprise, notamment familiale, pose au chercheur qualitatif le défi de percer ses mystères et le contraint à plus d'imagination sociologique dans un pays où la culture de recherche n'est pas solidement enracinée.

Pour finir, j'expose quelques résultats de mes recherches qui appellent d'autres perspectives prometteuses.

Chap. 1 La sociologie du travail au Maroc : une sous-discipline en voie d'émergence

« Au lieu de faire la preuve de leurs théories à partir des faits économiques, les économistes démontrent leur impuissance devant les faits, leur intention de jouer avec les faits, et cette manière de jeu révèle plutôt la genèse de leur abstraction théorique »

K. Marx, Principes d'une critique de l'économie politique, Œuvres II, Gallimard, p. 190.

Dans le contexte marocain, le travail et plus encore l'emploi, ne sont devenus des objets sociologiques que très récemment, c'est-à-dire durant les décennies 1990 – 2000. À cela plusieurs raisons.
En premier lieu, l'hégémonie de deux sous-disciplines à savoir la sociologie rurale et la sociologie politique qui ont dominé le champ sociologique (enseignement et recherche) grâce notamment au rôle pionnier de Paul Pascon (1932-1985) dans le domaine de la recherche en milieu rural. Il était alors question de décoloniser la sociologie et de propulser la modernisation du monde rural. Après l'indépendance, il n'y avait que deux départements de sociologie : l'un à la capitale Rabat et l'autre à Fès. L'enseignement se faisait en langue arabe. L'autre sous-discipline dominante est la sociologie politique axée sur la sociologie des élites et de l'islam politique grâce à l'apport des chercheurs anglo-saxons (John Waterbury, William Zartman ou Clément Henri Moore), mais également aux chercheurs français tels Bruno Etienne d'Aix et Rémy Leveau de l'IEP de Paris.
En second lieu, les entreprises et plus largement les organisations marchandes résistaient au regard sociologique. C'est sur la base des enquêtes quantitatives que les économistes et les gestionnaires abordaient les questions du travail et de l'emploi.

Pour nécessaire et souhaitable qu'il soit, le regard des économistes ne peut se suffire à lui-même. Le débat autour des questions du travail et de l'entreprise entre les deux disciplines n'est pas nouveau, chacune s'appropriant ce champ de recherche alors qu'elles se complètent dans cet élan interdisciplinaire aujourd'hui en vogue. La délimitation des objets entre différentes disciplines dépasse à l'évidence le cadre étroit de la sociologie du travail au Maroc, mais pose une question éminemment épistémologique. En effet, victime du prisme de la rationalité formelle, la science économique partage l'illusion avec les autres sciences sociales de prétendre dégager des lois pour comprendre l'organisation de la société marchande et anticiper par là même ses tendances incidentes et lourdes[2]. Science lugubre[3], science du malheur (Benabi, 1954) ou encore celle du statique n'ayant guère évolué avec notre changement d'ère (Robin, 1989) la science économique est acculée à intégrer d'autres paradigmes pour se hisser au rang d'une discipline ayant atteint l'Âge de la maturité scientifique.

Même si la perspective de la pluridisciplinarité est de nos jours l'horizon consacré, il reste que certains paradigmes émergeants sont sinon sciemment négligés, du moins oubliés par la science économique. Il en est ainsi des catégories de sexe et du paradigme de classe.

Cette réflexion se veut une modeste contribution quant aux avatars de la science économique eu égard aux questions que lui pose la théorie du genre, pris dans son

---

[2] Edmond Malinvaud, « Pourquoi les économistes ne font plus de découvertes » (1996) : « Nous, économistes, pouvons apparaître plus intéressants comme objets d'étude dans la sociologie de la science que comme sujets contribuant au progrès de la connaissance scientifique. Réfléchissons à cette inversion possible de notre place et sachons en tirer les enseignements ».

[3] On attribue ce qualificatif à William Petty, mais de façons plus métaphorique : « Les romanciers, les dramaturges et les poètes enchantent, les astronomes et les physiciens donnent le vertige, les historiens et les biologistes captivent, les philosophes et les mathématiciens stimulent, mais les économistes et les gestionnaires attristent et ennuient », (Lecointre, 1998).

sens plus large, c'est-à-dire incluant les concepts de race et de classe. Les catégories de sexe doivent être comprises dans le sens des rapports sociaux développés entre les hommes et les femmes dans un contexte social donné et à partir de positions / des rôles qu'occupe et que joue chacun des deux sexes. Le paradigme de classe, d'inspiration marxiste, considère que la société est le résultat des rapports marchands entre une classe détenant les moyens de production et une autre ne disposant que de sa force de travail. C'est la fameuse loi de bipolarisation qui est selon, K. Marx, le moteur de l'Histoire et la clé de la transformation sociale.

Autant l'affirmer d'emblée : les sciences, qu'elles soient dures ou molles, étaient historiquement majoritairement conjuguées au masculin, vouant aux gémonies l'apport des femmes au savoir et à sa reproduction. Certains féministes n'ont jamais manqué de rappeler que l'Histoire des sciences a sous-traité/maltraité les femmes. À ce propos, Evelyn Fox Keller, physicienne et professeur de l'histoire des sciences, écrit :

« Ma vision de la science – et des possibilités d'un triage au moins partiel du cognitif et de l'idéologique – est plus optimiste. Et, en conséquence, le but de ces essais est plus exigeant : ils revendiquent, de l'intérieur de la science, une science en tant que projet humain plutôt que masculin et le renoncement à la division entre les dimensions émotionnelle et intellectuelle du travail scientifique » (voir Wallerstein, 1999)

À l'instar de l'histoire des sciences, la science économique a également péché par « patriarcat effréné ». Que ce soit l'économie classique ou néo-classique, l'aveuglement vis-à-vis des catégories de sexe est en effet demeuré manifeste. D'aucuns y voient la marque de la domination masculine sous le vernis de l'impératif du progrès scientifique utile à l'Humanité toute entière. Le fameux credo des économistes « libéraux » selon lequel la richesse des nations est tributaire de la pauvreté des peuples est prémonitoire – d'autant qu'on a la hardiesse de suppléer « la pauvreté des peuples » par « la précarisation de la condition des femmes »[4]. Il faut en convenir : la femme est l'oubliée de la croissance et du développement nonobstant les efforts déployés dans ces réalisations. Le contexte dans lequel les femmes produisent en majorité est, dans la plupart des cas, un milieu précaire reconnaissable de surcroit à son invisibilité pour une science économique avide de chiffres et de modélisations.

Les femmes du Sud, opprimées en nombre, sont paradoxalement les acteurs assidus du « développement durable » : les paysannes cultivent et entretiennent les champs pour nourrir leur progéniture, les infirmières prodiguent les soins à des populations livrées à elles-mêmes dans des contextes où les infrastructures hospitalières font cruellement défaut. En retour, ces femmes sont bel et bien les premières à être touchées par le harcèlement au travail, l'opacité à accéder à un certain nombre de postes de décision, le fameux « plafond de verre ».

Au lieu de récolter les fruits de sa participation assidue à la croissance, elle subit des discriminations multiformes, y compris d'accès à l'emploi.

Par ailleurs, l'économie domestique est passée aux oubliettes des statistiques économiques, ce qui rend le travail domestique, apanage des femmes, invisible. C'est ce que K. Marx, fin critique de l'économie politique, a eu l'intuition sociologique de relever comme le montre le texte placé en exergue. La production des richesses ne comptabilise ni le temps consacré ni l'effort consenti dans le domaine domestique. On parle plutôt de reproduction des rapports sociaux de sexe attribuant à l'homme riche le monopole de « disposer » de la femme pauvre et tout est ainsi fait pour que la socialisation sexuée tende à reproduire cet état de fait. Plus près de nous, Fatima Mernissi (1979) arguait, il y a quelques décennies, que « nos femmes invisibles rapportent des milliards ».

---

[4] Toutes les statistiques convergent à faire état de la féminisation de la précarité, du sous-emploi, du chômage et de la migration. Voir à ce sujet Serge Paugam (2000).

*Dura lex, sed lex (*Dure est la loi, mais c'est la loi) : la loi du marché est présentée dure pour tous (concurrence, culte de la performance et rationalité instrumentale structurent la pensée économique conventionnelle), mais elle l'est sûrement plus pour les plus démunis. De quoi donc le marché est-il la loi ? C'est là où la sociologie marxiste entre en scène pour « dénaturaliser » le marché qui est – chez les économistes classiques et néo-classiques – si grand et si magistral qu'il se suffit à lui-même. La sociologie marxiste, même si Marx lui-même ne s'est jamais défini comme sociologue, a tenté d'introduire avec succès les concepts de « conflit social » et d'« aliénation » au cœur de l'épistémologie sociologique. Mais c'est à partir de la science économique que cette tentative réussie a pris corps. Pour Marx, et plus tard pour ses disciples, toutes chapelles confondues, c'est le lien marchand (la détention des moyens de production par la classe bourgeoise et l'exploitation du plus grand nombre), qui a généré et la lutte des classes et l'aliénation des prolétaires. Que l'on se souvienne de la sociologie du travail en France que l'on a qualifié judicieusement d' « ouvriériste », que l'on reconvoque la sociologie du dévoilement chère à P. Bourdieu, il y a lieu de noter que la société telle qu'elle se donne à l'observation, est biaisée par cette idéologie marchande qui défend l'ordre établi, l'ordre bourgeois. Tout le mérite de la sociologie critique a été de déconstruire cette croyance que le marché est neutre et que le capitalisme est la destinée manifeste de l'Humanité. N'a-t-on pas prophétisé avec fracas la fin de l'Histoire, la fin des idéologies. Depuis, l'Histoire nous livre périodiquement ce que ni les économistes, ni les politistes n'avaient prévu. Dans une autre veine, H. Defalvard (1995) pointe les avatars de la conception libéraliste, donc universaliste et naturaliste de Sa Majesté le marché, auto-régulateur des rapports marchands dans une société donnée, voire dans toute société car l'économie libérale semble déployer son emprise sur la totalité des dimensions qui forment le lien social. Pourtant, cette conception d'un marché auto-régulateur – adulée par les économistes libéraux – n'est qu'une vue de l'esprit, d'autant que la nouvelle donne générée par le processus de mondialisation incite plutôt à défendre la position inverse : migration en réseaux, fin de l'histoire, triomphe du capitalisme… Toutes ces occurrences renvoient au marché désormais mondialisé l'image d'un monstre injuste et inégalitaire. L'essayiste Viviane Forrester (1996), dans son livre (*L'Horreur économique*) qui restera parmi les *best-sellers* de la fin du siècle dernier, avait tiré la sonnette d'alarme dans des termes empreints d'empathie sur les méfaits du marché dérégulé sur des populations de plus en plus nombreuses et de moins en moins protégées.

Se situant plus sur le terrain de l'argumentation, Denis Collin (1998) déconstruit méthodiquement la croyance en un marché triomphant dans le sillage de la mondialisation. L'auteur, un marxiste de bon aloi, invite à penser la mondialisation comme une idéologie au service de la finance qui sacrifie le travail au Capital. La mondialisation, d'abord celle du capital et accessoirement du travail, n'épuise pas la question des États nationaux qui sont encore et toujours des États bourgeois. Elle laisserait donc le politique impuissant étant donné que la mondialisation est présentée comme le destin des individus et des nations et non comme résultant de leur choix. Le centre diffuse sa domination sur la périphérie en laissant se développer les corollaires néfastes de la mondialisation (marchés financiers « dérégulés » méprisant les hommes) dont il faut faire l'inventaire pour ensuite proposer une alternative conséquente. Cette dernière passe par un effort théorique sans complaisance, destiné à repenser le monde au-delà des idéologies à la mode. Il s'agit aussi de réguler la mondialisation libérale car le libre-échangisme ne serait qu'un « protectionnisme pour les puissants » selon les mots de la féministe indienne Vandana Shiva) (Cité par Wallerstein, 1999).

L'Histoire est écrite par les vainqueurs, dit-on. L'histoire des sciences sociales est scellée sans égard pour les femmes. Le discours économique dominant a propagé des croyances et des mythes : le marché s'auto-régule tout seul, la mondialisation économique est bénéfique aux peuples, les inégalités sont de l'ordre du naturel et du normal. L'épistémologie du genre participe de la déconstruction de ces croyances et mythes au moyen d'une armada de concepts tels que le sexe, la race, la classe ou division du travail. Autant de catégories heuristiques pour rendre compte rigoureusement de la complexité du réel (Falquet *et al.*, 2010). Désormais, les sciences sociales doivent se rendre compte de la fin des certitudes et de l'étude, la leur, de la complexité.

Les femmes ont une expérience de vie différente de celle des hommes. Et cette expérience vécue doit être restituée à la lueur d'un savoir « objectif » et dénué de ce sens commun qu'est l'idéologie. En intégrant cette grande conquête féministe dans l'épistémologie des sciences sociales, nous avons sans doute quelque peu réparé l'affront de rendre aux femmes ce qui leur est dû. De même qu'aux démunis.

De cette vue générale, nous pourrions partir du cas marocain pour souligner que bien que tardive dans le processus académique, la sociologie du travail offre bien un tableau stimulant des transformations que connait actuellement cette société du fait, entre autres, du déploiement du processus de la mondialisation.

Dans le contexte marocain, il faut attendre les années 2000 avec la généralisation de l'enseignement de la sociologie dans la majorité des universités pour que la discipline s'ouvre à des champs plus diversifiés – à savoir le travail, les organisations, les dynamiques urbaines. À cet égard, le travail informel, le travail des enfants, la féminisation du marché du travail, notamment du salariat d'exécution, la paupérisation et la précarisation de la condition ouvrière, que ce soit dans les PME locales, dans les multinationales ou dans les entreprises délocalisées, représentent les objets de prédilection des jeunes chercheurs formés essentiellement dans les entreprises européennes.

Il faut en convenir : la sociologie du travail naissante au Maroc peut être qualifiée globalement d'ouvriériste à la manière de ce qui se passait en France dans les années 1960 – 1970 (voir Friedman et Naville). Il n'empêche que s'ouvre une autre perspective, celle d'une sociologie des groupes professionnels (les architectes, les ingénieurs, les pharmaciens…).
La crise que beaucoup dans le contexte marocain imputent à l'hégémonie néo-libérale du processus de la mondialisation, a entraîné une série de transformations de l'armature du travail et des figures « entrepreneuriales ».
Un fait empirique manifeste est cette vulnérabilisation de la condition ouvrière, notamment dans les secteurs d'exportation textile – habillement – agriculture). Or, plus de 60 % de la main-d'œuvre dans ces secteurs est féminine.
La féminisation du prolétariat marocain est une donnée sociologique d'importance. Elle est aussi un phénomène récent. Mais cette féminisation a entraîné mécaniquement une autre féminisation : celle de la précarité.
La crise a généré une forme de travail atypique, une sorte de nomadisme salarial qui fait que le travailleur se déplace d'une entreprise à une autre à la recherche d'heures supplémentaires de travail. La recherche sociologique se focalise sur le hors-travail (les conditions de transport, les rapports entre vie familiale et vie professionnelle et l'impact de la salarisation des femmes sur l'organisation patriarcale de la société). La souffrance au travail et plus largement la santé des travailleurs qui vont jusqu'à travailler la nuit pour gagner plus est aussi investiguée.
Toutes les études menées dans le contexte marocain sur les revendications des travailleurs convergent vers la demande de revalorisation des salaires et non sur l'amélioration des conditions de travail.
Troisième effet de la crise : la généralisation dans le contexte urbain de l'économie populaire rangée sous le vocable de « travail informel ». Or, c'est un fait

empirique que les vendeurs à la sauvette, le commerce ambulant, se généralisent avec la crise,/ voire en réaction à la crise.
Les travaux des étudiants en sociologie ont établi une corrélation entre la crise du marché de l'emploi et l'alternative de « travailler à son compte » par des individus, hommes ou femmes, souvent diplômés.
Dernier effet de la crise : la multinationalisation de la représentation syndicale, notamment dans les multinationales et des entreprises délocalisées. La société civile transnationale (ATTAC entre autres) pénètre le champ syndical marocain et tente d'influer sur la nature des revendications à mener, notamment l'amélioration des conditions du travail et le respect des droits humains.

Chap. 2 Éléments d'une sociologie des dits et non-dits du recrutement

La stabilité et la fidélisation de la main-d'œuvre sont de puissants leviers qui conditionnent le rendement de l'entreprise, son espérance de vie et finalement sa réussite à tirer profit de sa localisation. C'est encore plus vrai pour une entreprise délocalisée dont la raison d'être est d'accroître rapidement ses profits. La cinquantaine de patrons dont nous avons rapporté l'expérience lors de la thèse de doctorat nous a montré à quel point le facteur économique est l'un des principaux motifs de la délocalisation. Il va sans dire que la politique du recrutement s'inscrit dans une démarche qui assure soigneusement les conditions de sa réussite.

Notre propos vise à nous pencher sur les logiques différenciées des deux entreprises ici étudiées dans leurs politiques de recrutement de la main-d'œuvre. Nos investigations ont porté sur deux entreprises françaises du secteur de l'habillement, une implantée à Casablanca, l'autre à Agadir. Le deux entreprises emploient chacune une centaine de travailleurs. Aucune des deux entreprises n'a de politique de recrutement écrite. Nous nous sommes donc appuyés sur les entretiens réalisés avec les deux patrons en vue de dégager le profil de main-d'œuvre recherchée. Nous leur avons préalablement soumis un questionnaire, non pas à partir d'une liste pré-établie, mais à l'aune de leurs suggestions des qualités premières des différents travailleurs à recruter. Les caractéristiques mentionnées par leurs soins sont regroupées en considération de la stratification du personnel à engager. Autant de critères d'embauche qui soulignent l'appréhension du contexte sociétal et de ses traits caractéristiques, mobilisés pour assurer le bon fonctionnement de l'entreprise. Les questionnaires collectés sont complétés par des entretiens approfondis avec l'équipe de direction et le responsable des recrutements. Nous allons nous attacher

ici à ces logiques différenciées dans les deux entreprises en mettant en relief deux idées-forces.
La première est que les stratégies de recrutement puisent leur sens dans l'appréhension de la société marocaine à partir d'un imaginaire néo-colonial. En cela nous poursuivons l'hypothèse à savoir la prétention du patronat français à la connaissance de la réalité marocaine.
La seconde est que les logiques de recrutement s'appliquent différemment aux hommes et aux femmes et tirent parti des représentations dominantes dans la société locale.

La main-d'œuvre recherchée : Image culturaliste et rationalité économique

Non seulement les deux politiques prennent appui sur un certain nombre de considérations (distance géographique, responsabilisation des candidats en amont de l'embauche...) dans la perspective de la délocalisation, mais le recrutement est différent dans son application aux diverses catégories de travailleurs (*chaouch*, ouvrières d'atelier, secrétaires, cadres marocains). L'examen de l'origine géographique de la main-d'œuvre recrutée préalablement au fonctionnement des deux entreprises, le parcours et les expériences de certaines figures ainsi que le déchiffrement des politiques de recrutement suivies nous amènent à dégager le profil de la main-d'œuvre à recruter. Les politiques de recrutement menées ne sont pas les mêmes dans les deux entreprises. Elles prennent appui sur un socle d'attentes, de stratégies et de représentations. Le tout est mobilisé pour asseoir la solidité de l'implantation et les garanties du bon fonctionnement de l'entreprise. Par-delà le modèle de recrutement en lui-même, c'est l'idéologie qu'il exprime que nous tâcherons de révéler. Ce qui est intéressant, selon nous, c'est la vision que les deux patrons ont du travailleur marocain et partant de la société d'implantation.

Dans les deux entreprises, la politique de recrutement permet d'appréhender la logique néo-coloniale qui la sous-tend. En effet, les deux logiques mises en œuvre font ressortir une vision du travailleur marocain puisée dans son appartenance régionale, voire ethnique. Or à certains égards, cette vision correspond au modèle segmentaire naguère ressuscité par l'ethnologie coloniale : régions plus ou moins dociles, condition de la femme infériorisée dans les structures islamiques patriarcales, esprit de clan, vision fataliste du monde chez le musulman, familialisme et substrat communautaire à la base du lien social harmonieux. Dans les deux cas, ces différents traits transparaissent dans les attendus du recrutement et de la sélection.
- La formule mosaïque, avec une évaluation de la main-d'œuvre à recruter selon son appartenance géographique, est celle de la politique de recrutement de l'entreprise casablancaise.
- La formule indigéniste s'appuie sur l'authenticité locale des recrues. Le familialisme et le substrat communautaire structurent la politique de recrutement mise en œuvre dans l'entreprise Gadirie.

Casablanca : une sélection adaptée au contexte sociétal

« Rien ne doit être fait dans l'aléatoire, au pif. Mon équipe et moi-même sommes très pointilleux sur la qualité du personnel à engager. Il faut mettre en place une mosaïque – Dieu sait que le Maroc en est une particulièrement forte – capable de faire passer l'intérêt de l'entreprise avant toute autre considération » (Philippe, le patron de l'entreprise de Casablanca)

Stratification du personnel, stratification des modes de recrutement

Comment se déroule la procédure de recrutement du personnel dans l'entreprise casablancaise ? Cette interrogation prend une dimension particulière dans la

mesure où chaque catégorie se voit appliquer des critères spécifiques de recrutement. La stratification du mode de recrutement a aussi une visée opératoire : diviser par le statut et par le genre. Il ressort de nos observations que ces deux variables sont mises à contribution pour élaborer une politique de recrutement conforme à la stratification du personnel à engager. La première tend à opérer une différence entre le monde de l'atelier et celui des bureaux, entre les médiateurs, les gestionnaires et le « salariat » d'exécution. La seconde prend la forme d'un traitement différencié entre l'homme et la femme, le plus souvent en s'alignant sur la position de la femme dans la société marocaine (infériorité par rapport à l'homme, docilité au travail…). Tandis que les hommes sont choisis sur des critères de « virilité » et de « sédentarité », les femmes le sont tout autrement à savoir sur la base de leur origine « ethnique » et géographique, leur célibat, voire leur ruralité et pauvreté économique.
Reprenons un à un ces différents critères appliqués aux différentes catégories du personnel.

Les qualités requises des ouvrières d'atelier

Au commencement, il nous faut souligner que le travail des femmes dans l'entreprise française n'est pas assorti d'une autorisation parentale, d'un mari ou d'un frère aîné. En l'occurrence, tout se passe comme si la loi marocaine n'était pas prise en compte.
Dans ses stratégies de recrutement, l'entreprise vise essentiellement les célibataires d'origine rurale lointaine et habitant le bidonville voisin. De telles stratégies ne sont pas anodines, elles procèdent d'un calcul qui prend sens des représentations dominantes concernant la femme marocaine. Toutes les stratégies de recrutement concourent à accentuer la dépendance des ouvrières d'atelier vis-à-vis de l'entreprise.

La proximité résidentielle

La finalité économique à laquelle tend l'entreprise privilégie une main-d'œuvre de proximité. Habiter à proximité de l'entreprise est gage d'assiduité et de ponctualité au travail. La spécificité même des entreprises délocalisées commande une telle stratégie en matière de recrutement. En effet, leur vocation exportatrice, leur raison d'être fonctionnelle (commande, donneurs d'ordre) les incitent à privilégier une main-d'œuvre d'exécution capable de répondre à leur sollicitation à tout moment, y compris la nuit. Le bidonville offre l'avantage d'assurer une certaine sociabilité comme thérapie au déracinement. L'entreprise attache une importance capitale à la future résidence de ses candidates. La filière relationnelle est prise en compte dans les embauches occasionnelles. Avant le recrutement, il n'est pas rare de recourir au service d'une stagiaire testée sur son assiduité et sa motivation au travail. L'assiduité est souvent déterminée par la distance à parcourir et par l'attente de l'embauche en fin de stage. Les stagiaires ne bénéficient que d'une prime insignifiante à l'issue de leur passage dans l'entreprise. Des ouvrières « irréprochables » servent d'intermédiaires entre l'entreprise et les futures recrues. Bien souvent, elles se portent garantes de l'assiduité de leurs futures camarades. La question du logement est donc centrale dans la politique de recrutement des ouvrières d'atelier.

L'âge : « la jeunesse est un bon investissement »

« Ce serait vous duper que de vous dire qu'on préfère les mamans proches de la quarantaine. Trêve de plaisanterie ! La jeunesse est pour nous un bon investissement. C'est comme un coureur, plus on est jeune, plus vite on court. Les jeunes filles célibataires apportent à l'entreprise leur dynamisme et leur fougue. Elles prennent rapidement goût au travail et assurent la relève… » (Philippe)

Pour avoir des chances d'être recrutée, la candidate « idéale » est celle dont l'âge est compris entre 15 et 20 ans. C'est là un investissement à moyen ou long terme : la formation d'une jeune ouvrière au travail à la chaîne est un gage de sa fidélisation à l'entreprise notamment par la titularisation. Elle pourra, à son tour, former les nouvelles recrues sachant que la formation se fait par voie initiatique et sur le tas : les plus expérimentées forment les plus jeunes. Il en résulte que le coût devient moindre pour l'entreprise s'agissant de la formation de la main-d'œuvre. En outre, les plus jeunes ne disposent pas d'une expérience professionnelle pour exiger une rémunération conséquente. La jeunesse apporte aussi de la vigueur au travail et se prête à une plus grande flexibilité. Les jeunes ouvrières sont aussi plus facilement « encadrables » par les contrôleurs-hommes que les plus âgées dont l'âge est généralement synonyme de « dette morale ».

Le célibat : un atout au travail ou l'alignement sur les représentations sociales dominantes

L'entreprise mise sur les célibataires car les mariées avec enfants sont censées s'occuper du domaine domestique. La célibataire apporte à l'entreprise sa disponibilité « totale », alors que la mariée est considérée comme tiraillée entre son foyer et l'entreprise.

Cette représentation tire sa légitimité de la division sexuelle du travail en terre islamique dont la logique patriarcale tendrait à établir une séparation entre le travail domestique et le travail salarié. Par ailleurs, les responsabilités de la femme mariée limiteraient sa disponibilité et son rendement à l'entreprise.

L'éloignement de la famille : gage de la fidélisation à l'entreprise

L'analyse géographique des stratégies de recrutement à partir des entretiens croisés du patron français, de son équipe marocaine et des travailleurs recrutés converge à souligner :

1°/ que l'entreprise privilégie des ouvrières d'origine géographique lointaine,

2°/ que cette logique repose sur le prisme de la spécificité de chaque région quant à la qualité de sa main-d'œuvre.

Ce second point est l'un des questionnements problématiques de notre recherche.
Pourquoi, dans les stratégies de recrutement, la préférence est-elle accordée à la candidate venue de loin ? Par son déracinement géographique, l'ouvrière est censée s'attacher à l'entreprise comme à son seul horizon. La croyance en la docilité des femmes villageoises, leur sédentarisation par l'émigration économique et leur incapacité à revenir à leur terre natale sont autant de suppositions qui sous-tendent la politique de recrutement :
« C'est le salariat qui est le principal moyen de capter les travailleurs. Une fois qu'ils perçoivent un salaire, ils deviennent par la force des choses définitivement attachés à l'entreprise. Ceux qui émigrent, c'est pour gagner leur pain et non pour faire du tourisme » (Philippe).
Cette procédure vise ainsi à opérer la « capture » d'une immigration censée découvrir les vertus du salariat régulier. Tout se passe comme si cette stratégie se déployait autour de la croyance qu'il y a un avant et un après. Les recrues, par l'éloignement familial et par la régularité de la rémunération, adhéreraient à une vie se situant aux antipodes de la domesticité rurale. Pour le directeur technique, l'obsession du fuyard et du récalcitrant est limitée par l'éloignement géographique de l'intéressée et par sa dépendance vis-à-vis de l'entreprise :
« Si une travailleuse a sa famille dans les environs, elle peut, sans risquer gros, s'absenter ou faire l'école buissonnière ».
Mais il y a une autre logique de représentation qui sous-tend le recrutement : l'existence d'une croyance en la spécificité des vertus de chaque région à « approvisionner » les villes et les entreprises d'exportation en main-d'œuvre plus ou moins travailleuse, fidèle ou docile. La catégorisation et le sens commun orientent et alimentent ces représentations.
L'une des premières priorités du recrutement va aux villageoises que le « déterminisme géographique »

priverait de l'école et de la citadinité. C'est donc la condition de la défavorisée qui est scrutée par les stratégies de recrutement. On sait que le taylorisme, apparu au début du XXe siècle aux États-Unis, est bâti sur une organisation du travail faisant appel à des ouvriers peu éduqués, durs au labeur et pas du tout revendicatifs.

Dans le contexte marocain, la politique de recrutement mise en œuvre par l'entreprise repose sur un socle de préjugés qui vient conforter une telle appréhension. L'image de la fille pauvre, prête à se satisfaire du minimum, en est un. L'indigence serait la qualité essentielle de l'ouvrière de sorte que l'entreprise devient son seul et unique pôle d'identification. La condition de servante docile, développée dans le cadre du labeur domestique, en ferait l'archétype de l'ouvrière idéale. Nul n'a mieux résumé que le patron recruteur la portée d'un tel présupposé :

« La fille villageoise, par son éducation et par son sens de la famille, ne fume ni ne boit. Le travail, sous une forme ou sous une autre, reste ce qu'elle connaît le plus, c'est sa seule drogue pour ainsi dire ».

L'indigence serait aussi de nature à « prolonger » son goût pour la superstition. Sa mentalité paysanne ne la prépare pas à se parer d'une mentalité industrielle qui la jetterait sur la voie de la contestation ouvrière (Labari, 2004a). Elle serait donc à même d'accepter les conditions de « servitude » dans la routinisation du travail. Une telle représentation s'appuie sur un état de société composé de segments dont chacun est censé s'incarner dans une région. L'existence de l'une est tributaire de la réputation de ses membres (qualités et défauts socialement enracinés) et de l'opposition à une autre aux dispositions similaires. Là apparaissent les variations sur le local s'agissant des procédés de recrutement.

Facteur régional et représentation de la main-d'œuvre féminine

Les qualités des candidates au travail sont appréhendées à travers le prisme de leur appartenance territoriale : l'image de la région est mise à contribution dans les stratégies d'embauche : tel terroir est dépositaire de tel profil de travailleur.

Les travailleuses du Sud sont réputées pour leur « mythique » endurance au travail, gage de rendement, pour leur expérience conséquente de la couture et du filage, ce qui les prédisposerait à veiller sur la qualité et pour un réel sens de l'humilité. C'est là la représentation selon laquelle le berbérophone, homme du terroir, brillerait par sa générosité au travail, alors que l'arabophone, que la ville a rendu vulnérable, céderait aux tentations de la revendication et de l'hostilité. Au sein de cette représentation coexistent l'économique et le culturel. L'économique renvoie à l'endurance au travail acquise dans la culture des champs et l'agriculture et dans le cadre des activités domestiques. Le culturel est reconnaissable à toutes les caractéristiques « féminines » à savoir la docilité, la timidité, la bonne humeur dans la souffrance, le dévouement des filles de bonnes familles. Toutes qualités qui sont associées à la femme en terre marocaine. Les étiquettes sont puisées dans un imaginaire qui distingue chaque région.

Les femmes de l'Est du Maroc et de l'Oriental se distingueraient par une grande capacité à s'adapter au travail mais seraient plus portées à la contestation et à l'agitation dès lors que s'ouvre une brèche. Plus on s'approche de l'Est, plus ces trait s'accentuent. Les régions limitrophes de l'Algérie en sont les points culminants. Face à la contrebande et à la drogue qui font le cliché du Maroc oriental (Oujda, Nador[5]), les entreprises « légales » et « structurées » craignent que le goût de l'argent sale et facile ne soit un frein à

[5] Cf. Oujda et l'Oriental. Un Oriental sans Orient, Revue Conjoncture, n° 829, p. 22-23.

l'investissement des Orientaux dans leur travail. La diversité attribuée au lointain géographique serait source de division et obstacle à une future unité. Le statut même de l'étranger, chef d'entreprise, employeur-recruteur et détenteur d'un rôle qui le place au-dessus de la mêlée se prête à faire siennes les représentations dominantes dans le choix de la mosaïque de son personnel :

« Le travailleur idéal est celui qui m'apporte son attachement et son dévouement. L'entreprise devrait être une chance pour lui. Je sais que de nos jours l'entreprise est facilement accablée, l'étranger qui pratique de l'exploitation. Les gens qui tiennent ce genre de discours, et il y en a au Maroc, ne sont pas conscients de ce que représente pour une femme, une jeune fille délaissée, sans éducation, sans famille, sans horizon. Excusez-moi, mais quand j'embauche un Marocain, il pétille. Que serait-il devenu sans l'entreprise ? À moisir dans un champ, à tricoter sans fin ! ».

Cette image est doublée, voire légitimée par une autre. C'est celle du patron « sauveur » des individus en détresse. Tuteur des ouvriers, l'employeur se forge aussi l'image de bienfaiteur. Elle sert à coup sûr à valider une idéologie de recrutement selon laquelle la délocalisation est bénéfique à la main-d'œuvre marocaine en besoin.

Poursuivons la démonstration, l'indigène du terroir magnifié rencontre l'Étranger venu de France qui l'éduque au travail chronométré. Cette éducation passe par le langage de la fermeté qu'il convient de mobiliser à cet égard. C'est tout le sens du discours de bienvenue à l'ouverture de l'établissement exhortant chacun aux efforts et pointant la spécificité de l'entreprise, exportant et travaillant avec une Europe exigeante sur la qualité. Le directeur technique traduit les propos du patron français, ce dernier n'étant ni arabisant ni berbérisant.

L'analyse du discours de bienvenue est symptomatique de l'intérêt économique suprême de l'entreprise qui est présentée comme un bien commun à tous ceux qui participent un tant soit peu à son bon fonctionnement. La légitimation équivaut à la motivation autour des idées simples et des promesses diffuses. Outre les rituels

comme *Salam* (Bonjour) ou *Marhabane* (Bienvenue), l'accent est mis sur les bienfaits de l'entreprise. L'offre de travail dans un environnement de rareté est avancée comme sa principale caractéristique. Si cette caractéristique peut être invoquée par toutes les entreprises, elle revêt dans le cas de l'entreprise française une dimension de taille : celle d'un vrai travail avec des garanties de salaire (mensualisation de la paie, bulletins de salaire, congés payés, déclaration préalable auprès de la CNSS (Caisse nationale de la sécurité sociale) et un respect pointilleux des horaires de travail). Porteur de cette promesse, le patron français vise à apparaître comme l'antithèse du patron marocain qui serait moins soucieux de l'intérêt des travailleurs. Tout se passe comme si la légitimité du premier reposait sur la délégitimation du second. L'offre des garanties inhérentes au travail a toutefois une contrepartie : le rendement au travail doit être irréprochable. Il se déploie autour de la qualité du produit à exporter avec au préalable une transparence sur la marchandise : pas de défauts de qualité ; pas de vol dans les ateliers. Chacun doit travailler en veillant à sauvegarder et à « faire honneur » à ce produit qui porte le cachet « *Fabriqué au Maroc* ». Dans le même registre, l'entreprise est définie comme une aventure collective. Son sort et son devenir sont étroitement liés à ceux des travailleurs :
« Vous aurez l'entreprise que vous méritez, leur ai-je indiqué, si elle se porte mal, ils seront pis. Si ça marche, ils auront leur part du gâteau ».
L'exaltation du sens du travail chez les Marocains se conjugue avec l'évocation de l'histoire commune et du rôle pionnier des immigrés de la première génération dans la reconstruction économique de la France. Ils auraient grandement contribué à la réussite des grands groupes français de l'automobile comme Peugeot ou Renault. Il s'agit là d'un jeu récurrent de légitimation au cours duquel la motivation passerait par la mise à

contribution de l'histoire des rapports franco-marocains dans ce qu'elle a de positif[6].

Un autre versant mérite d'être signalé même s'il relève plus d'un vœu pieux que d'une politique d'entreprise ouvertement favorable à la femme : l'égalité entre l'homme et la femme est souhaitée, de même que le respect mutuel dans l'entreprise. À titre d'exemple, le harcèlement sexuel est combattu dans toutes ses formes, mais des abus multiples et des règlements de compte entre travailleurs amènent le patron français à cesser ses arbitrages coûteux en temps car finalement sans conséquences sur les comportements « sexistes » :

« J'en suis arrivé à l'idée que je ne peux rien changer à des situations séculaires, on perd plus de temps dans la médiation et je ne peux pas faire le gendarme dans une entreprise dont la fonction première est d'ordre économique ».

Par quels intermédiaires cette politique de recrutement est-elle décidée et élaborée ? L'image du travailleur est ici déduite de celle de sa société d'appartenance, régionalement et « ethniquement » parlant. Or, cette question en autorise une autre : en quoi l'image d'une région est-elle au fondement de l'élaboration de celle du travailleur ? Il est d'usage de souligner un fait universel qu'on a trop tendance à généraliser s'agissant du Marocain, ce dernier se définissant prioritairement en référence à sa communauté, à son village, à sa niche culturelle et à sa région. De l'intérieur, cette définition de soi et cette image à soi répondent à un besoin d'identification segmentaire analysé par E. Gellner (2003) dans son classique *Les saints de l'Atlas*[7]. Cette

---

[6] Comme pour ce qui est des goums marocains érigés en modèles d'intégration à l'endroit des conscrits franco-maghrébins. Nous avons développé ce point dans (Labari, 2003).

[7] Dans cette monographie, Gellner insiste sur la valeur particulièrement heuristique de cette formule *« Aït »* pour comprendre l'essence segmentaire de la société marocaine. Cette expression a pour fonction première de rattacher chaque marocain à une niche culturelle particulière. *Aït* veut dire « celle ou celui de…appartenant à …». On retrouve cette tournure à l'en-tête d'une tribu ou tout simplement d'un nom de famille.

identification en termes segmentaires permet, dans la perspective gellnérienne, de rendre la société intelligible pour que les individus se connaissent et qu'on puisse les reconnaître. Dans la mise en avant des spécificités régionales dans la politique de recrutement prônée par l'entreprise casablancaise, le regard est plus accusé pour dégager les traits du travailleur à l'aune de son appartenance régionale. Or, cette appartenance sur des bases ethniques est l'une des facettes les plus explorées par l'ethnologie coloniale française. Les voyageurs et explorateurs ont, de tout temps, « exagéré » les clivages régionaux comme caractéristique majeure de la société marocaine[8].

Pourquoi cette image d'inspiration segmentaire reste-t-elle dominée par la réactualisation de tels clivages, certaines régions bénéficiant d'un préjugé favorable et d'autres moins ?

La perdurance d'une telle appréhension tient en partie à la persistance d'un imaginaire colonial selon lequel chaque région reste prisonnière d'un socle irréductible de valeurs. Cet imaginaire n'est pas le résultat d'un contact mutuel basé sur un échange régulier et équitable, mais sur des représentations exclusives qui frisent la méconnaissance. Cette donnée semble survivre sans césure ni rupture (Labari, 2005).

On voit donc que les stratégies de recrutement prennent appui sur des représentations sociales dominantes.

---

[8] *Reconnaissance au Maroc* de C. De Foucauld (1888) en est l'illustration. Au terme de son expédition (2800 km parcourus, sillonnant le Maroc de long en large), il alimenta le gouvernement français de renseignements sur chaque région, ses mœurs, sa mentalité, le dialecte qui y est parlé, ses capacités de résistance, son code d'honneur. Ce livre « ethnographique » est aussi un manuel d'exploration du Maroc mêlant réflexion sur les « indigènes », observations astronomiques, et astuces de pacification. Le tout étant largement assorti d'une vision « régionaliste ».

Ethnographie du rituel du recrutement

La rationalisation de la démarche de recrutement : l'intervention des intermédiaires locaux agréés

La rationalisation de la démarche de recrutement est reconnaissable à la participation de plusieurs intermédiaires à cette opération.

L'écrivain public

Les jeunes filles candidates au travail doivent faire la démonstration de leur motivation à intégrer l'entreprise en présentant un dossier de candidature composé d'une lettre de motivation et d'un CV[9]. Cette exigence correspond à la stratégie d'inscrire l'entreprise française aux antipodes des pratiques locales :

« C'est pour moi important de les rendre responsables en leur demandant de faire des démarches. Je voulais les mettre en rupture avec leurs habitudes antérieures… » (Philippe).

Étant pour la plupart analphabètes ou de niveau élémentaire, les jeunes filles sollicitent les services d'un écrivain public. Cette figure, narrée naguère par le romancier Tahar Ben Jelloun (Ben Jelloun, 1983) en tant que figure familière au Maroc, est incontournable dans les petites villes à dominante rurale. Il est le traducteur et seul recours des veuves de retraités immigrés pour leur correspondance avec les différentes institutions françaises. Dans les grandes villes, sa place de prédilection reste la *médina* ou les quartiers populaires. Sa clientèle est issue pour l'essentiel des classes populaires analphabètes : qui le sollicitant pour écrire une lettre ou mettre en forme un document administratif, qui lui demandant de traduire une attestation, qui encore recourant à ses services pour la rédaction d'un CV. Ses tarifs varient de 5 à 20 Dh (0,5 à 2 euros) par document selon le nombre de pages.

[9] Plutôt fiche signalétique (Nom, Prénom, âge, origine géographique et un petit descriptif de ses activités antérieures).

Par son expérience avérée, l'écrivain public devient indispensable. Dans la société marocaine, c'est lui qui assure les différentes correspondances entre les personnes et les institutions. Sa raison d'être est le résultat de l'importance de la demande dont il fait l'objet. Il remplit en cela de nombreuses fonctions sociales. Une petite table plantée ici ou là, l'écrivain public vend ses services à qui veut écrire une lettre, relancer une candidature ou tout simplement « taper » un document. La postulante au travail peut alors être reçue par le responsable du recrutement et, le cas échéant, être engagée. Mais avant d'entreprendre le travail, intervient une autre étape : la présentation d'une attestation médicale.

Le cabinet médical

L'entreprise est particulièrement attentive à la validité de ses recrues. C'est pourquoi elle exige des candidats au travail une attestation médicale de leur capacité à travailler. Être en bonne santé est non seulement indispensable au rendement, mais exiger une attestation médicale revient aussi à « respecter la loi marocaine » qui en fait une obligation. Or, les réponses au questionnaire montre que 80 % ont « acheté » l'attestation médicale qui coûte 30 Dh (3 euros), 11 % n'ont subi aucun examen – dans ce cas, seules des questions du médecin au « patient » ont permis d'établir le certificat, 9 % ont passé quelques radiographies notamment de la colonne vertébrale (le travail fixe que doivent effectuer les ouvrières n'est pas compatible avec des douleurs de dos).

La réception de chaque recrue

Systématiquement, le patron français tient à recevoir personnellement les nouvelles recrues pour leur expliquer les exigences inhérentes à leur travail et les bienfaits de l'entreprise :

« À chaque recrutement, je reçois les intéressés pour leur dire que nous nous devons de travailler main dans

la main et que je veillerai personnellement à un climat de travail sans entorses… ».
Le bureaucrate est l'homme du bureau, celui qui, en vertu de cette position, exerce une véritable domination symbolique sur la candidate au travail.
Le premier aspect du rite consiste à recevoir chaque recrue et à lui faire la leçon de ce que l'entreprise attend d'elle. Assis derrière son bureau et en présence de son interprète marocain, le patron tient à rappeler à la nouvelle recrue que désormais il s'agit pour elle d'une nouvelle vie qui commence. Il s'agit de faire de cet acte un rite solennel d'initiation au monde de la réglementation, du calcul et de la discipline. Cette forme d'initiation tend à forger la conscience que l'entreprise est une organisation et non un *souk*. La référence à ce dernier est une constante chez le patron français. Nous retrouvons cette charge à l'occasion des rapports au travail quand la discipline est enfreinte et « que l'esprit de clan se substitue à celui de l'équipe ».
La seconde facette du rite réside dans l'exigence de la temporalité à savoir que chaque entrevue dure une dizaine de minutes : « J'ai 10 minutes à vous consacrer ! ». Par cette directive, l'employeur annonce à la future recrue que, dans l'entreprise, le temps est roi, rythmant l'ensemble des activités. La réception de chaque recrue avant son intégration est donc un acte chargé de symbolique.

La figure masculine du chaouch

Le *chaouch* est nécessairement un homme. Cette figure masculine, chargée de surveiller l'entreprise, est l'homme à tout faire du patron français. Il est recruté en fonction de son expérience – de préférence dans une administration marocaine. D'origine militaire dans l'organigramme ottoman (turc), le *chaouch*, équivalent du sergent, se situe au-dessus du *yoldach* (soldat). Le Maroc, qui n'a pas été sous la souveraineté de l'empire ottoman, lui a pourtant emprunté la terminologie. Si sa raison d'être est liée à l'administration dont il est le gardien le plus fidèle, les entreprises (publiques et privées) recourent au service de cette figure qui rassure par sa présence en même temps « qu'il sait traiter avec des Marocains ». On ne naît pas *chaouch* mais on le devient par l'accumulation d'un capital d'expériences et d'une force de caractère. Ce capital nécessaire au recrutement du *chaouch* est synonyme d'une relation de proximité « protectrice » : les scrupules et la loyauté à l'égard de son patron en sont les traits constitutifs (Labari, 2007).

Virilité, fidélité et « esprit Makhzénien »

L'administration marocaine est un passage souhaité, voire recommandé pour accéder à un tel poste : virilité, sens de la rigueur et de la discipline, sens du règlement des conflits par une négociation « à la marocaine » sont les compétences supposées d'un chaouch. Cette présentation prend exemple d'un rapport social enraciné dans l'imaginaire français où la domesticité doit tendre non seulement à la fidélité et à l'allégeance, mais également à la virilité et à la maîtrise du sens pratique marocain :

« La domesticité, en effet abondante, était uniquement masculine, et se recrutait dans le *Makhzen* local. Après un minimum de formation, un *Mokhazni* faisait un excellent domestique, d'une fidélité et d'une dignité exemplaires. L'efficacité n'était pas toujours extraordinaire, mais le nombre y suppléait. Personnellement j'avais un chauffeur, nous avions un jardinier, un cuisinier et en outre un homme à tout faire » (Témoignage d'un colon, cité par Emmery *et al.*, 1992, p.82).

Les atouts recherchés chez le personnel de médiation

Par médiation nous entendons le monde des bureaux tant il fait l'objet d'un mode de recrutement spécifique. Il comprend les adjoints du patron français à savoir : le directeur technique, le chef d'atelier, les secrétaires et le service comptable.

Le recrutement de ces adjoints se fait par l'intermédiaire des petites annonces publiées par la presse écrite francophone. Les quotidiens les plus spécialisés dans ce type de service payant sont le *Matin du Sahara*, organe gouvernemental et *l'Économiste*. Ce sont aussi les journaux les plus lus par le public francophone et les « classes moyennes ».

Il est toutefois à noter l'existence des cabinets de recrutement en tant que structure intermédiaire entre les entreprises et les postulants. Concentrés à Casablanca et à Rabat, leur rôle est de promouvoir une culture de recrutement conforme aux besoins et aux exigences des entreprises étrangères de plus en plus nombreuses au Maroc. L'Agence pour l'emploi des cadres, située à Casablanca, a pour but précisément de favoriser la mise en relation entre les cadres et les entreprises. Pour leur mobilité et leurs avantages de rémunération, les cadres marocains ciblent les entreprises étrangères implantées dans l'axe Casablanca - Rabat. Cette agence leur offre, moyennant une cotisation annuelle de 150 Dh (15 euros), un certain nombre de prestations à savoir une banque de données des entreprises recruteuses, des stages de simulation dans les techniques d'entretien ou l'aide à l'élaboration d'un CV pertinent.

L'expérience

L'expérience est la condition première pour devenir cadre d'entreprise. Elle recouvre le fait d'avoir déjà travaillé dans le même secteur, de disposer de compétences techniques (maîtrise des outils de montage de coupe et de finition, des notions de qualité) et humaines (veiller à entretenir un climat social sain ; communiquer à bon escient avec le personnel).

La maîtrise de la langue française

Les cadres recherchés sont ceux qui maîtrisent la langue française permettant de nouer une communication quotidienne avec le patron.

Cette politique de recrutement ficelée, loin d'être considérée comme généralisable à l'ensemble des entreprises françaises du même secteur, nous oriente vers l'hypothèse que la délocalisation ne se réduit pas à une opération économique de l'histoire immédiate, mais demeure à certains égards le fruit d'un travail minutieux et d'une croyance forte, celle de la connaissance de la société marocaine jusque dans ses subtilités les plus infimes.

Hormis dans les centres d'appel, un invariant peut s'articuler autour de l'idée que l'entreprise délocalisée dans une ville-monde n'affectionne pas les diplômés de l'enseignement supérieur, pourtant en croissance continue sur le marché du travail (Bougroum et Ibourk, 2002, p. 83). Ces diplômés sont considérés comme des contaminateurs, porteurs d'idées syndicales susceptibles de perturber le climat social au sein de l'entreprise :

« Plus un ouvrier est diplômé, plus son appétit est grand. Son agitation, même retardée, se manifestera. Je connais les entreprises qui ont essayé et qui se sont mises au-devant des difficultés. Pas de diplômés dans mon unité » (Philippe).

Le passage par l'université serait le moyen de nouer des « liaisons dangereuses » avec la politique et la contestation. Cette politique de rejet prend exemple sur celle de la Fonction publique qui privilégie dans ses modes de recrutement des instituteurs, les nouveaux bacheliers par rapport aux licenciés ou aux titulaires d'un diplôme de l'enseignement supérieur. Dans les deux cas, le passage par l'université est redouté.

Un renversement peut être relevé s'agissant de l'entreprise Gadirie dont la politique de recrutement vise précisément à privilégier non pas des populations géographiquement lointaines, mais des « autochtones » bénéficiant d'une stabilité résidentielle et faisant preuve de leur enracinement local.

Agadir : un personnel local de posture indigéniste

« Je connais cette ville depuis 1974, j'y ai séjourné régulièrement avant de décider d'y élire domicile. Je suis de ceux qui croient que les berbères et les arabes sont différents. Le berbère est l'homme du terroir qui sacralise sa terre, travailleur et attachant… » (Paul, le patron de l'entreprise Gadirie).

La vie locale est le reflet d'un type de société qu'il convient de mobiliser à son avantage dans la stratégie de recrutement.

Dans le cadre de l'entreprise d'Agadir, nous avons rencontré un type de recrutement qui s'apparente, dans ses formes et dans ses intentions, à une formule indigéniste. L'*habitus* colonial est reconnaissable à la valorisation de cette approche de recrutement qui vise à l'enracinement local en faisant appel à un personnel autochtone. À première vue, cette approche peut sembler s'inspirer de quelques garanties. Dans la littérature coloniale, l'indigène est l'habitant autochtone attaché à son terroir et à son espace écologique. Il désigne la mentalité non-industrielle du *blédard*. Le *bled* – autre terme colonial – désigne le Maroc lointain, de la périphérie. Au Maghreb, on parle du *bled* pour désigner son lieu de naissance et les racines de ses attaches. *Biladi* est la traduction arabe de « mon pays ». Le sens du terme est altéré par les colons pour signifier le pays des indigènes, une bourgade éloignée de la civilisation industrielle, bref le « Maroc inutile ». Il est opportun de revenir à la signification des mots pour comprendre la permanence d'une vision et ses véritables significations. La posture indigéniste sert à évacuer les tensions qui peuvent résulter du processus d'urbanisation et d'industrialisation : le personnel local, appelé à intégrer l'entreprise, est trié sur le volet de son « authenticité régionale ». Par une telle procédure de recrutement, l'objectif recherché consiste à faire de l'entreprise un système social apaisé, voire de « fermeture communautaire ».

Or, en l'occurrence, qu'est-ce qu'être un indigène dans une ville qui a été de tout temps une ville de passage et de brassage, et dont le tremblement de terre a commandé une reconstruction totale ? Deux traits le définissent si l'on se tient à ce que disent les responsables de l'entreprise. Le premier confond l'indigène avec l'habitant de la ville ou de la région, surtout les villes semi-rurales environnantes. Le second, consécutif au premier et le complétant, est de parler le *Tachlheit*, la langue locale. Seul un résident de longue date faisant ainsi montre de son indigénéité peut remplir ce second critère.

Or, comment et par quelles filières ce personnel est-il concrètement recruté ? Quelles sont les logiques à l'œuvre dans le processus de sélection des travailleurs ? Nous soutenons que la posture indigéniste parcourt de bout en bout les logiques de recrutement en faisant des valeurs locales l'armature du système.

« Authenticité » du personnel local : faire du local avec du local

Les modalités de recrutement sont fixées par le patron français, mais c'est au cadre marocain de les mettre en œuvre. Le recruteur est le chef d'atelier, lui-même de la région, qui connaît bien ses « congénères ». De ce fait, il s'érige en gage moral pour la stabilité et l'organicité de la main-d'œuvre. Il est aussi la garantie morale contre le risque de revendications pour la suite du fonctionnement de l'entreprise.

L'une des facettes de cette posture indigéniste consiste à veiller à l'authenticité de la main-d'œuvre. Réussir la délocalisation revient à faire appel à tout ce qui est supposé être authentiquement local, édifiant ainsi l'implantation sur des bases indigénistes.

Deux principaux moments caractérisent le recrutement de l'entreprise gadirie. En premier lieu, et consécutivement à l'implantation, il s'agit de constituer un noyau dur de travailleurs fidélisés à l'entreprise. En second lieu, il est question de favoriser un système de parrainage dans le renouvellement de la main-d'œuvre.

Comment constituer le noyau dur ?

Le familialisme de la main-d'œuvre : l'harmonie organique du monde du travail

Lors de l'implantation, l'objectif premier est de munir l'entreprise d'une main-d'œuvre fidélisée. Le premier élément focal est le choix d'un intermédiaire en fonction de son indigénéité et son « encastrement » dans les réseaux locaux. Sa mission, outre une proximité avec le patron français avec qui il peut communiquer en toute aisance, consiste à recruter une main-d'œuvre dont il s'agira de tempérer les ardeurs revendicatives. Le noyau dur représente les ouvrières qui vont être régularisées dans l'entreprise. La manière dont le recrutement est effectué peut être caractérisée par le vocable de l'enracinement familial. Si, comme le rappelle R. Montagne (Montagne, 1954, p.239-241), l'un des ébranlements de la société marocaine au contact de l'Occident réside dans la transformation de la structure familiale, force est de remarquer que l'entreprise Gadirie est portée à tirer profit de la famille « indigène ». Cinq ou sept familles locales suffisent à assurer le fonctionnement de l'unité. Contrairement à Casablanca où l'on tient à rationaliser de prime abord la procédure de recrutement, le recruteur à Agadir s'appuie sur son capital social et communautaire. Il fait appel aux individus de sa connaissance pour intégrer l'entreprise. Quelles sont les modalités pratiques de ce recrutement ? Est-il, par exemple, subordonné au versement d'un *bakchich* ou à la réactivation d'un « népotisme » communautaire ?

L'on sait que dans les sociétés traditionnelles, cette forme de médiation était légion :

« Pour forcer le sort et triompher de l'hostilité d'un ordre injuste, ceux qui n'ont ni métier ni instruction, ni argent disposent d'un seul recours, la puissance des protections, du coup d'épaule et des connaissances. Remplissant la fonction qui, en nos sociétés, incombe aux méthodes rationnelles de recrutement, les relations de parenté, de voisinage, de camaraderie tendent à réduire le sentiment de l'arbitraire mais en développant la conviction non moins irrationnelle, que les relations, le piston, la débrouillardise, le *bakchich* et le café peuvent tout. Tout se passe comme si l'on s'efforçait de convertir les relations bureaucratiques, impersonnelles, formelles et médiates, en relations personnelles et directes » (Bourdieu, 1963).

Le noyau dur familial sert d'intermédiaire entre la direction et les recrues occasionnelles. Étant donné que le travail de montage ne requiert pas une qualification précise, chaque parent peut être tenté de faire venir sa fille pour quelques heures qui arrondiront son salaire mensuel. Mais la posture indigéniste, favorisée par la disponibilité de la main-d'œuvre familiale, a une autre visée : ne pas recourir à une main-d'œuvre étrangère à la région contribue à préserver la vocation touristique de la ville.

« Nous ne voulons pas "déterritorialiser" des populations d'ailleurs surtout qu'il ne s'agit pas d'une usine de 1 000 ou de 2 000 travailleurs. Nous préférons ne pas altérer le paysage urbain et préserver sa vocation touristique. Quand un touriste débarque à Agadir c'est pour son confort et le soleil, ce n'est pas pour voir l'autre côté du Maroc, ses misérables (sic) » (Paul).

On l'a dit : le recrutement des ouvrières se fait par le réseau des relations locales du recruteur. Cette procédure est inédite dans la région et tranche avec les modes de recrutement déployés par les fermes agricoles qui font appel à une main-d'œuvre émigrée. Tout se passe comme si le familialisme était considéré comme une arme patronale pour assurer la pérennité du personnel. Parce qu'elle se situe en dehors de toute procédure formalisée, cette posture repose sur l'affectivité des relations professionnelles faisant de l'employeur le maître à bord de la sélection de son personnel.

Le système de parrainage

Au commencement, comme nous l'avons précédemment exposé, le recrutement repose sur le primat de l'indigénéité : à l'ouverture de l'entreprise, la première cohorte des travailleurs est constituée d'un noyau dur trié sur la base des relations familiales et régionales. La suite consiste en un processus reproductible autour du même noyau. En ce sens, l'embauche résulte d'une prise en compte des ressources familiales. Elle procède d'un mécanisme selon lequel le salarié en poste intervient pour faire admettre un proche. Or, qui dit parrainage dit caution solidaire, ce qui engage la responsabilité du salarié entremetteur et la « bonne conduite » de la nouvelle recrue. En parrainant, on engage sa responsabilité de bon intermédiaire nécessaire à la constitution d'un capital de confiance vis-à-vis du patron français. En étant parrainé, il convient de ne pas décevoir en s'absentant ou en boycottant une convocation au travail.

Parce qu'elle a engagé la parole de sa cousine ou de sa sœur, la nouvelle recrue se trouve dans l'obligation de se conformer au comportement attendu, c'est-à-dire en se conduisant avec loyauté et droiture. On l'aura compris : ce qui est visé, c'est cette finalité universelle qui est d'impliquer les travailleurs dans la productivité du travail en aiguisant leur attachement à l'entreprise. Cette vision familialiste en matière de recrutement poursuit un autre objectif : le maintien de la population dans son lieu d'origine la dispense d'une quête de logement. En règle générale, les recrues disposent sur place d'un logement familial. L'entreprise serait ainsi un bénéfice, une opportunité d'épargne et un « capital social » élargi qui lui procure un enracinement local encore plus fort : outre les solidarités familiales, il s'agit de développer des relations de voisinage dans une configuration locale apaisée.

L'entreprise, en privilégiant cette forme de recrutement, conquiert une main-d'œuvre de proximité, « propulse » un type de développement local « endogène ». Elle fait reposer ainsi sa politique sur le facteur humain avant même l'esprit de formation.

Que tirer de ces dits et non-dits ?

Il n'est pas aisé de fournir une explication à ces « rationalisations » de la procédure de recrutement. Mais la politique de recrutement repose sur plusieurs considérations. Réduits à leur squelette, les deux systèmes de recrutement s'inspirent de la même idéologie. Il s'agit d'une vision du Marocain qu'il faut coûte que coûte fidéliser à l'entreprise. Nous l'avons avancé : l'hypothèse néo-coloniale sous-tend les deux politiques de recrutement. Encombré de ses pesantes références nationales et locales (famille, travail, communauté villageoise, *Douar* d'origine (partie d'un village) ...), le travailleur marocain est « paré » selon les attentes de l'entreprise. Dans un cas, il s'agit de le déraciner pour le fidéliser ; dans l'autre, il est question de tirer parti de son enracinement pour le rendre disponible et l'attacher à l'entreprise. Dans le premier, il faut exiger des candidates au travail de respecter des « procédures bureaucratiques » pour être embauchées ; dans le second, le système de parrainage familial est clairement préféré dans le recrutement des ouvrières. On remarque que chaque figure fait l'objet d'une appréhension en termes d'attentes à son endroit. Le médiateur local, chargé de seconder le patron français dans la politique de recrutement, est lui-même recruté pour son expérience et son capital linguistique. Si sa position est centrale dans les deux entreprises, il n'a pas les mêmes missions dans les deux villes. La main-d'œuvre à recruter est évaluée sur des critères ethniques, régionaux ou de genre en lui accolant des figures économiques correspondantes. Tout se passe comme si l'évaluation de l'Autre demeurait dans la continuité d'un imaginaire colonial qui semble se poursuivre sans césure. Cette hypothèse de l'*hystérésis* coloniale nous semble pertinente pour comprendre ces modèles de recrutement de la main-d'œuvre marocaine par les patrons français délocalisant leur unité au Maroc. Jusqu'où va la pertinence de ce modèle explicatif ?

Chap. 3 Ce que font les « salariés » marocains du/au travail

« La sociologie du travail se félicite du développement, depuis un quart de siècle, de l'anthropologie appliquée – encouragée par Malinowski, manifesté par l'intérêt croissant des ethnologues pour les "contacts culturels", les processus dynamiques... Le sociologue du travail, habitué aux valeurs, concepts, problèmes qui caractérisent ses études dans les sociétés modernes, toutes plus ou moins industrialisées, peut recevoir de l'ethnologie d'utiles suggestions et cadres de références par les informations qu'elle lui apporte sur les activités de travail dans les groupes humains qu'elle étudie : suggestions qui enrichissent parfois d'une compréhension nouvelle les concepts qu'il avait élaborés » (Friedmann, 1961), p. 106).

Le travail mené par voie monographique au sein des entreprises françaises du secteur de l'habillement dans deux villes marocaines (Labari, 2004a) a visé l'ensemble des partenaires des délocalisations et en particulier la main-d'œuvre locale, notamment féminine. La spécificité même de ces entreprises exportatrices, très dépendantes des carnets de commandes et de donneurs d'ordre européens, ainsi que les conditions du travail qu'elles génèrent offrent un terrain fécond à l'expression des subjectivités ouvrières. Par subjectivités, nous entendons la façon dont le travail prescrit est vécu et interprété en situation de travail et les ajustements, adaptations qu'il suscite dans l'effectuation des activités récurrentes. Autant d'échappatoires à l'endurance au travail par la raillerie des activités répétitives et par l'ajustement d'une communication informelle puisée dans un univers qui fait sens aux travailleurs. Nous avons pris comme matrice de notre enquête sociologique une entreprise française du secteur de l'habillement délocalisée à Casablanca depuis de début de la décennie 1990. Elle fabrique des costumes et des gilets pour hommes qu'elle exporte vers l'Europe. Nous avons mené des entretiens avec les ouvrières d'atelier sur leur rapport au travail et avons procédé à des observations des situations de travail au sein de l'atelier.

Nous voulons souligner dans cette contribution que les subjectivités au travail des ouvrières d'ateliers sont imprégnées d'un contenu symbolique et langagier. La main-d'œuvre féminine du salariat d'exécution constitue la population principale de nos investigations. Leur visibilité à des postes dénués de toute qualification, l'existence d'une subordination par rapport à des contrôleurs hommes dans les entreprises et finalement leur mode de vie offrent un bon terrain de travail.

Après avoir fait état des différentes caractéristiques sociologiques des ouvrières marocaines et de l'organisation du travail au sein de l'atelier, nous pointerons les expressions des subjectivités en distinguant deux registres : le premier, mystique et symbolique, se déploie autour d'une interprétation du travail en termes de nécessité de se protéger de ses aléas et de conjurer une éventuelle « privation » de l'entreprise. Le second, langagier, exprime la prise de conscience des ouvrières de leur propre condition et met en scène la dérision du procès du travail.

Les ouvrières d'atelier : le gros « bataillon » des entreprises du secteur de l'habillement

L'entreprise enquêtée emploie essentiellement des jeunes filles majoritairement d'origine rurale : 73 % ont moins de 35 ans et 50 % ont moins de 25 ans. L'entreprise casablancaise mise sur la jeunesse, la plupart des ouvrières ont intégré l'entreprise à partir de 16 ans. Les femmes plus âgées apportent l'expérience et forment les plus jeunes au travail. Étant donné que les postes occupés sont dénués de toute qualification précise, la formation se fait sur le tas et repose sur l'entraide entre les anciennes et nouvelles ouvrières.

Autre trait caractéristique des ouvrières d'atelier : l'analphabétisme. 35 % n'ont jamais été à l'école, 40 % ont à peine le niveau primaire. Ce niveau procure juste à ses détentrices l'aptitude du calcul élémentaire (l'addition et la soustraction) et les notions de base de l'alphabet arabe. Elles n'ont ainsi aucune connaissance de la langue française qui, pourtant, est enseignée à partir de la troisième année du primaire. La rencontre avec l'entreprise pour les jeunes collégiennes ou lycéennes se fait souvent à l'occasion des vacances scolaires, sous forme d'un travail saisonnier qui se transforme ensuite en travail régulier :

« Je suis rentrée à l'usine à 17 ans. J'ai remplacé ma nièce malade, c'était pendant les vacances scolaires au mois de juillet, j'ai touché ma première paie de 1 000 Dh (100 euros) qui paraissait au début comme beaucoup. Après, je n'ai plus quitté l'usine » (Fatima, 22 ans).

Les ouvrières d'atelier disposant d'un contrat de travail perçoivent une rémunération mensuelle de 2 600 Dh (260 euros), soit le SMIG marocain.

L'atelier qui a fait l'objet de notre enquête comprend deux grands compartiments : la coupe et le montage. Le compartiment de la « coupe » emploie essentiellement les hommes, certains transportant le tissu, les autres se chargeant de le couper et de l'envoyer au compartiment « montage ». Certains ouvriers assurent la correspondance entre les deux compartiments. L'atelier de montage, très spacieux, emploie très majoritairement les femmes. Il est composé de dix longs rangs comportant chacun 13 machines, soit 26 par chaîne : « chaîne manche », « chaîne doublure », « chaîne devant » qui sont les chaînes de préparation. Une chaîne montage se fait en une double opération, la première concerne la couture latérale et les manches ; la seconde a trait à la doublure de la veste et aboutit à la finition avec en plus les fonctions de contrôle (surpiquage et épluchage). La production est ainsi un processus dont chaque ouvrière constitue un maillon essentiel. La tenue vestimentaire représente un trait distinctif de tout un monde en continuel mouvement. Ainsi les blouses blanches sont portées par les travailleuses subalternes du produit costume, les blouses roses par les subalternes du produit gilet ; les bleues par les chefs de chaîne et de contrôle (des hommes).

Si l'atelier est une réalité physique et un lieu où femmes et hommes entretiennent des rapports de travail et de subordination, il suscite corrélativement des résistances collectives à l'intensité et à la lourdeur du travail. En cela, il devient un lieu d'échange et de consolation, une réappropriation locale d'une organisation qui pratique le culte de la performance et amène à la responsabilisation accrue des travailleuses. Cette organisation du travail au sein de l'atelier met la femme dans l'obligation de se concentrer constamment sur son travail, au point qu'elle devient l'accessoire de sa machine. La remarque de D. Linhart sur les entreprises de l'hexagone vaut aussi pour celles qui délocalisent leurs activités vers des pays à bas salaires :

« Aux postes de travail, la responsabilisation de chacun est engagée sur la qualité, les délais, même aux niveaux les plus subalternes. Les innovations dans la gestion des ressources humaines sont consolidées par les transformations technologiques, qui instaurent un isolement physique : les postes de travail deviennent de plus en plus éloignés les uns des autres en raison des nouveaux équipements » (Linhart, 2002).

Le cycle de travail le plus intense coïncide avec les mois d'octobre, novembre et décembre. Climatiquement, cette période est hivernale (pluie, froid…) et coïncide également avec les fêtes de fin d'année en Europe, ce qui dénote une dépendance des ateliers de confection du marché européen et de ses rythmes de commandes. Les surveillants et le directeur technique sont critiqués pour leur seule fixation sur le produit fini. Pendant cette période, le temps doit être utilisé à plein, la cadence de travail est telle que les ouvrières n'ont même pas le loisir de se regarder :

« Des fois, le travail est si prenant que je n'ai pas le temps de me tourner voir ce qui se passe autour de moi. Il m'arrive d'avoir des crampes au cou et aux jambes ».

À cela s'ajoute que le travail non fini restera à faire, y compris pour une nuit. Ce procédé prend la forme du *pensum*, mais comme nous l'avons relevé, le travail de nuit n'est pas ressenti comme une aberration, ce qui

dénote la centralité du salaire chez les jeunes ouvrières : « À partir du moment où ça me rapporte jusqu'à 150 Dh (15 euros), je me porte volontaire. On ne nous oblige pas à travailler. Les femmes mariées préfèrent s'occuper de leurs gosses, nous, les célibataires, nous sommes toujours volontaires ».
Face aux processus d'individuation inhérents au mode d'organisation du travail, les ouvrières recourent à des référents symboliques susceptibles d'être unificateurs et recevables culturellement face à un univers ressenti comme aliénant.

Les registres d'expression des subjectivités ouvrières

Le registre mystique et symbolique

« À l'*homo faber* qui conçoit et traite le monde comme une machine, s'oppose l'*homo vates* qui fait du monde une œuvre d'art, un ensemble émouvant de symboles. L'homme tire, du déterminisme naturel, des outils qui étendent sa puissance sur les choses, et, de la contrainte sociale, des rites qui font vibrer plus profondément son "moi" » (Le Cœur, 1969, p.15).

L'une des manifestations du travail dans l'atelier est la prévalence des référents mystiques et symboliques que nous considérons essentiellement comme une riposte au modèle disciplinaire d'organisation de travail. Il s'agit de placer une ligne de démarcation entre un monde de production déshumanisant et un monde possible qui, lui, se construit à partir d'une identité qui rassure.

La pratique de l'encens

L'encens est cette autre manifestation des rapports entre ouvrières et leur machine.
La pratique de l'encens est d'abord relative à l'espace dans lequel se passe l'essentiel de son activité : il s'agit d'encenser sa machine, de marquer sa place dans le but de créer un lien avec son lieu d'activité et de conjurer les

forces hostiles qui pourraient contrarier cet attachement. Une jalousie familiale latente, une vulnérabilité « héritée » d'un mauvais sort sont autant de forces à conjurer. L'encens peut être un bout de pierre ramené de la Mecque par un parent, un cousin ou un voisin : l'odeur qui s'en dégage une fois allumé est interprétée comme le souffle qui donne une chasse acharnée au Satan, le mauvais esprit.
Il est également un moyen de contrôler son émotion face aux faits d'organisation « destructurants » qui sont autant d'impératifs de régulation et de rationalisation du travail qui peuvent générer « l'univers morbide de la faute ». Ils ravivent les subjectivités ouvrières en les muant en « résistances ravalées[10] ». Si l'on peut soutenir à la suite de Yves Clot que l'investissement subjectif au travail est une donnée structurante de la vie de tout travailleur, il est saillant dans le contexte qui nous occupe ici que le sens accolé aux activités apparemment les plus réglées rejoint une « culture défensive » pour se protéger d'un accident de travail ou d'un malheureux licenciement. On encense sa place pour y rester sinon pour la vie, du moins pour longtemps. On encense la machine pour se l'attacher et lui être attachée.
Considéré sous cet angle, on peut interpréter la pratique de l'encens comme un exutoire à la dureté du travail et une aspiration à conserver sa place dans l'entreprise.

Le gri-gri et la machine
Le sociologue du travail a beaucoup écrit et réfléchi à propos de la machine tant cette dernière fait partie de la vie de l'ouvrier. On parle ainsi de l'aliénation pour caractériser la condition ouvrière aux prises avec un travail d'exploitation dont la machine est le support quotidien. Le taylorisme et plus tard le fordisme sont des systèmes qui réduisent le travailleur à sa seule force de travail à savoir ses bras et à la contrepartie qui

[10] Par ravalées, il convient d'entendre des résistances contenues dans leur stade premier, c'est-à-dire qui ne sont jamais exprimées ouvertement, qui se rapportent au registre psychique (Clot, 1995).

lui est concédée, c'est-à-dire son porte-monnaie. Indéniablement, la machine est le symbole du travail dans cette entreprise de confection, elle détermine le poste de travail de l'opératrice, l'emplacement où elle effectue ses tâches quotidiennes, au minimum 8 heures par jour. Certes des conseils sont prodigués aux ouvrières débutantes sur leur position[11], mais la fatigue musculaire et visuelle reste la principale doléance des ouvrières. En cela, la machine envahit le quotidien de l'opératrice, voire au-delà :

« On dirait que je suis mariée à la machine. Elle représente ma vie, c'est mon outil de travail avec toujours les mêmes gestes. À mes débuts, je faisais des cauchemars. C'était mon angoisse. Maintenant je sais m'en servir sans problème ».

Cet extrait d'entretien évoque les descriptions du premier jour de R. Linhart chez Citroën :

« La nuit. Je ne trouve pas le sommeil. Dès que je ferme les yeux, je vois défiler les 2 CV, processions sinistres de carrosserie grises. Tout est laid. Et ces 2 CV, cette file infinie des 2 CV… La sonnerie du réveil. Déjà six heures ? Je suis courbatu, aussi épuisé qu'hier soir. Qu'ai-je fait de ma nuit ? » (Linhart, 1978, p.26).

On comprend dès lors les difficultés des premiers pas dans un travail à la chaîne. Nos différentes observations portant sur les rapports au travail nous ont fait découvrir un certain nombre de pratiques ouvrières visant précisément la machine. Le gri-gri en est une. La plupart des ouvrières, en situation précaire, ont recours à cette pratique. En quoi consiste-t-elle et quelle forme prend-elle ?

Le gri-gri consiste à attacher une amulette sur sa machine ou à la greffer sur sa tenue de travail. Le gri-gri est latent : le rite veut qu'il ne soit pas manifeste. Sa principale manifestation est donc l'amulette (*Lhrz*),

---

[11] Le siège doit être réglé en hauteur suivant l'opératrice, l'axe de la pédale doit correspondre à l'axe de l'aiguille, mettre le foulard pour protéger les cheveux, nettoyer les griffes et utiliser un protège-doigt sont quelques conseils d'hygiène et de sécurité.

considérée comme protectrice d'un mauvais sort, d'un accident de travail ou d'une panne de la machine :
« Dieu merci, ma machine n'est jamais en panne. Je ne me suis jamais trouvée montrée du doigt, c'est-à-dire comme l'oiseau noir, *Mahboula* (la folle). Ce n'est pas un hasard, j'ai en moi quelque chose qui guérit le mauvais œil, c'est mon médicament. Pas celui que le toubib prescrit pour ne plus tousser, le mien est plus puissant, on ne le trouve pas facilement sur le marché, c'est mon protecteur de tout ce qui peut me porter atteinte ou à mon travail (elle désigne l'amulette du côté de son cœur). C'est mon compagnon de toujours. Dieu nous bénit de sa *baraka...* »
Cet extrait d'entretien témoigne de cette faculté d'adaptation au monde du travail par la mobilisation de quelque chose qui n'appartient qu'à l'ouvrière (« plus puissant que la prescription d'un toubib »*)*. L'amulette doit au maximum être dissimulée car l'adversité et les forces du mal sont omniprésentes. Les conjurer consiste avant tout à la rendre invisible à l'œil.

Comment expliquer ces pratiques en milieu de travail ? Un faisceau d'hypothèses

À première vue, l'expérience de l'encens et le recours au gri-gri en milieu de travail peuvent relever de ces catégories ésotériques et irrationnelles, mais ils répondent fondamentalement à une pratique fortement socialisée. Il ne s'agit nullement de s'étonner de l'existence de telles pratiques, mais de tenter de les expliquer à la lumière de quelques interrogations :
Comment appréhender ces pratiques dans le contexte de l'entreprise face à la logique organisationnelle ? Sont-elles inhérentes à la culture musulmane dans sa variante mystique ou animiste prépondérante en milieu rural et transplantées dans l'atelier ? Ou peut-on y voir une pratique populaire, quelque chose de la « culture du pauvre » et plus largement des « classes populaires » au sens de Richard Hoggart (Hoggart, 1970) ? Ce dernier soutient que les classes populaires se dotent d'un *ethos* tout aussi légitime que les autres classes sociales.

Étant donné la quotidienneté du travail, l'essentiel de la sociabilité se passe dans l'atelier. Les classes populaires partagent la même vision de l'univers de travail, un cadre de vie similaire et des moyens de communication semblables. Leurs règles de conduite ainsi que les moyens de résistances sont analogues et s'apparentent à la compensation d'une condition imposée par d'autres. Il y a dans les développements consacrés à la culture des pauvres autant de traits récurrents définissant une identité populaire : la survie face à des conditions de vie difficiles, le « bricolage » d'une stratégie d'adaptation (solidarité diffuse) plutôt que contestation ouverte vis-à-vis des aléas de l'existence (organisation conquérante). La thèse de R. Hoggart, au-delà de la mise en scène de sa vie d'intellectuel issu du peuple, nous semble consister en l'existence d'une armature culturelle irréductiblement populaire au point que les phénomènes d'acculturation n'aboutissent qu'au prix de la réinterprétation des valeurs anciennes conformément aux besoins nouveaux. On retrouve la même analyse chez P. Bourdieu quand il caractérise de « réinvention créatrice » l'assimilation du système capitaliste par les travailleurs algériens. Cette « réinterprétation des valeurs anciennes » (ou cette « réinvention créatrice » peut-elle s'appliquer à ces pratiques des ouvrières marocaines au travail ?

Il nous semble qu'il convient de replacer les traditions dans la configuration sociale marocaine. L'encens et l'amulette sont les manifestations propres à la société traditionnelle où dominent les croyances populaires autour du maraboutisme, portées par les ouvrières d'origine rurale.

Dans les sociétés de type maraboutique, la spécificité de telles coutumes se rapporte à la représentation du bien et du mal : le mal serait partout et son évitement ne peut intervenir qu'avec l'intercession d'un être suprême ou fétichisé. Dans la société rurale, c'est le marabout qui remplit cette fonction de médiation entre l'Homme et l'invisible ou l'innomé. Les anomalies et les chocs sociaux sont pris en charge par des intermédiaires dérivés de la religion musulmane et des croyances populaires. L'intercession prend la forme d'une manifestation sociale institutionnalisée et périodisée qui peut être le sacrifice dédié à un saint, d'un *moussem* (fête maraboutique) qui prend la forme d'un *souk* où l'on remémore la *baraka* d'une autorité religieuse mystique. L'attachement au travail se conjugue à l'aspiration à rendre cet attachement réciproque. C'est, nous semble-t-il, l'une des significations de l'encensement pratiqué dans le milieu de travail.

La direction est au courant de ces pratiques qu'elle tolère, voire encourage tant elles sont un mécanisme latent et sans contrepartie économique de « liquidation » des possibilités de conflits au sein de l'entreprise.

L'islam, transplanté dans l'atelier, est-il un vécu authentiquement identitaire, ou un refuge, voire une réaction de sécurisation face à un monde « formaté » et fortement discipliné, à un discours rationalisateur d'adaptation à la rationalisation ? Ces comportements en miniature n'illustrent-ils pas une mise à la mode identitaire face à la tendance d'uniformiser et de massifier les conduites à des fins purement économiques ?

On pourrait longtemps disserter sur les différentes significations d'un islam multidimensionnel et du développement des regains identitaires, mais force est de constater qu'on est en présence de deux types de marché.

Le premier, que l'on peut appeler le « marché de la production », se déploie autour de la raison d'être de l'entreprise, la production adaptée aux commandes et qui nécessite une organisation de travail en termes de processus, chaque travailleur étant le maillon indispensable à la finition du produit.

« C'est le carnet de commande qui me fait vivre, qui nous fait vivre. Nous devons penser que nous travaillons pour l'Europe et devenir coûte que coûte beaucoup plus pragmatiques » (Philippe, patron de l'entreprise enquêtée).

Le second est un « marché identitaire » rebelle aux « identités résignées » et où le référent islamique occupe une place importante. Les résistances identitaires ne s'effectuent pas par les moyens d'action et de médiation « universels » (syndicat, régulation formelle et conjointe…) mais par la mise en scène intimiste d'une islamité consolante.
Le fait que la majorité des travailleurs sont des femmes issues du monde rural et qui ont un rapport transitoire à l'école est une autre variable qu'il convient de prendre en considération pour comprendre la signification de ces pratiques populaires. Le processus social à l'origine de la cristallisation des croyances est capital en ce sens que la peur de l'avenir et la nécessité de le maîtriser suggèrent la valorisation des conduites puisées dans les rapports sociaux spécifiques à la société rurale. La culture, en tant qu'univers de sens, permet ici de faire valoir « une sensibilité que la technicité croissante et exigeante réduit à néant » (Gorz, 1989, p.109 *sqq*). Cette culture défensive prend la forme de ce que P. Bourdieu appelle l'*habitus* (Bourdieu, 1980, p.70) qui n'a pas les propriétés d'un réflexe dont les agents seraient les fidèles prisonniers, mais peut se muer pour réagir aux nouvelles donnes et exigences organisationnelles. Pour autant, le partage et la permanence de ces pratiques dans l'atelier sont de nature à forger une *identité temporelle* imperméable à la mobilité intra- et intergénérationnelle. L'âge n'est pas une donnée explicative reléguant ces traditions aux *trucs de vieilles dames*, nous avons rencontré en effet chez les jeunes migrantes des croyances de ce type.
La symbolique dont sont entourées ces pratiques et le sens qui leur est conféré fédère la majorité des ouvrières d'origine paysanne. Ces références symboliques spécifiques qu'on ne trouve pas chez les contrôleurs hommes convergent à la consolidation d'une proximité des façons de dire, de faire et d'étaler les mêmes croyances. Cette identité culturelle n'implique cependant pas une prédisposition à agir collectivement dans le sens de leurs intérêts immédiats. Le frein à cette

identité collective réside, selon nous, dans les modes de contrôle opératoire mis en œuvre par la direction, notamment par le biais du contrat de travail dont « l'octroi » obéit à des critères spécifiques[12].

Dans l'entreprise, on n'est pas en présence d'une culture spécifique figée, déchiffrable dans les rapports au travail, mais devant des types de rapports changeants étayés dans deux principales configurations.

En période normale, le travail va bon train autour d'une méthodologie de travail rythmée par une organisation taylorienne de travail à la chaîne et la mobilisation de toute une série de slogans à contenu religieux.

En période de crise, le modèle finit par montrer ses limites dans la mesure où la rentabilité exigée bute sur le surplus de travail et l'incapacité des ouvrières à allier l'impératif de la qualité et les délais courts et intransigeants. Là apparaissent des tensions entre ouvrières et surveillants et la manifestation des formes d'aliénation d'un tel travail. La figure contestataire du prolétaire appelé à briser les chaînes de son aliénation devient celle du dominé dans une configuration professionnelle que les « ruses de commandement » maintiennent dans un semblant de *statu quo*.

Les subjectivités ouvrières prennent également dans le contexte de travail une dimension langagière que nous nous proposons à présent d'élucider.

---

[12] L'entreprise fait cohabiter deux types de travailleurs : des permanents, disposant d'un contrat de travail et des avantages auxquels il donne lieu, représentent 60 % de l'ensemble des salariés de l'entreprise ; des occasionnels, appelés en fonction de l'affluence des commandes, sont rémunérés au SMIG-horaire, 7 Dh, soit 70 centimes d'euros.

Le registre langagier : la dérision au service de la fraternisation

L'entreprise ne possède pas de langue unique qui fédère l'ensemble des travailleurs, quels que soient leur statut et leur position dans la hiérarchie. Plusieurs variantes ont cours dans le contexte de travail.

Le français est exclusivement la langue de management à savoir les correspondances postales et fax, la comptabilité, les comptes-rendus (écrits et oraux) du travail.

Dans l'espace de production, les salariés communiquent au moyen des langues nationales (arabe dialectal, différents amazighs (berbères), français partiel, etc.).

Dans l'organisation du travail, les intermédiaires, les contremaîtres, les chefs d'équipes, etc. ont pour tâche de traduire les ordres de production élaborés par la Direction et de les transmettre dans les registres linguistiques propres aux salariés de production.

Cette pluralité des registres linguistiques atteste du caractère composite de l'entreprise et des différences entre les catégories des travailleurs.

Le pluralisme langagier qui prévaut dans l'entreprise, sans être un frein à la communication, correspond à la division de l'unité en plusieurs mondes.

Les mondes de l'entreprise et leurs langues de communication

Le monde de la production (le mode de l'atelier)	**L'arabe marocain (*Darija*) ou berbère**
Le monde de la médiation et du contrôle (les contrôleurs du travail des ouvrières, le chef de l'atelier)	**L'arabe marocain**
Le monde de la gestion administrative (le monde des bureaux, les employé(e)s du service financier et les secrétaires)	**Le français et accessoirement l'arabe**
Le monde du management (le patron français et ses adjoints marocains)	**Le français**

La langue comme mode de résistance ou la fraternisation par le langage

Il s'agit, dans le prolongement de notre questionnement, de considérer les différents registres dans lesquels la langue est utilisée. La pluralité des registres correspond à la division du travail au sein de l'entreprise. Il est certain que les différentes catégories de travailleurs ne puisent pas leur parler dans le même registre, les observations menées font ressortir plusieurs parlers renvoyant plus ou moins à des dimensions langagières disparates.

La langue de l'atelier est essentiellement l'arabe dialectal. Dans certains cas, le berbère du Souss (le sud du Maroc) ou du Moyen-Atlas (les régions périphériques du nord) est utilisé, soit pour s'indigner d'une injustice ressentie, soit pour marquer son appartenance face à un contrôleur trop « tortueux ». Le combat pour la désaliénation n'est pas mené dans la passivité désolante, mais cherche à railler le quotidien et à détourner les injonctions « savantes ». Le langage dans l'atelier remplit la fonction d'une fraternisation entre ouvrières face au reste de l'entreprise. Ce qui leur est commun, c'est l'inaccessibilité du langage « savant » et « technique » ou tout simplement du français usuel. Le langage peut ainsi offrir une tribune de protestations.

« Détourner » les injonctions du patron

L'une des manifestations les plus notoires des expressions langagières des ouvrières d'atelier cible les injonctions du patron français en période d'intensité de travail. Plusieurs situations observées concourent à considérer la langue comme un mode de résistance. Toutes valident un processus de désaliénation enclenché par la prise de conscience de leur statut et de l'exploitation dont elles font l'objet. Les expressions les plus orientées vers la résistance au travail ont trait aux injonctions portant sur leur travail.

1°/ L'injonction *« Ça urge »* émise par le patron français pendant les périodes de travail les plus intenses. Demeurée en français dans sa structure, cette injonction est réappropriée et complétée par les ouvrières d'atelier par cette formule *« Ça urge Lflouss »*, *Lflouss* est invariablement la traduction arabe et berbère d'argent. Il s'agit en somme de lier l'urgence dans l'exécution du travail à la finalité recherchée par le patron à savoir le profit, l'argent :

« On sait bien à qui tout cela profite. Personne ne nous prête une oreille, on ne veut que nos bras et notre présence. Quand on veut faire part d'un problème ou d'une revendication, ils (chefs d'atelier ou directeur

technique) nous font savoir que c'est honteux de pleurnicher devant un étranger… ».
Cette injonction est raillée par un détournement explicite du sens : le contenu de la réplique confère un caractère pragmatique à la façon dont l'entreprise française est appréhendée. Il ne s'agit plus d'une institution philanthropique mais d'une machine à gagner en rentabilité, « *Lflouss* ».
2°/ À l'expression *« Le souk, la, la ! »* (Non au souk !) proférée par le patron français est opposée la valorisation du *souk* par rapport à l'entreprise :
« Notre *souk* est le marché du pauvre, il est moins cher que l'atelier où l'on transpire pour des cacahouètes. Heureusement qu'il y a un *souk* moins cher, sinon personne ne viendra travailler ».
Dans l'injonction du patron, le *souk* est synonyme de cafouillage et de désorganisation, extensivement d'un engagement anarchique et collectif dans les rapports au travail. Il s'agit de l'injonction à se concentrer sur son travail en évitant de considérer l'atelier comme un *souk*. Pour le patron, l'atelier est par moments synonyme d'une organisation clanique. Ce jugement cible davantage les contrôleurs-surveillants hommes responsables, selon lui, de perturber le travail de la main-d'œuvre féminine.
La conception patronale du *souk* est aux antipodes de celle des ouvrières qui appréhendent le *souk* comme un marché à leur mesure, accessible, compte-tenu de leurs capacités financières.
La richesse du vocabulaire mobilisé atteste de la pertinence du langage populaire pour marquer son territoire, signifier la compréhension lucide de sa condition d'ouvrière et la conscience d'être soumise à des contraintes partagées.
Plusieurs expressions éclairent cette conscience d'appartenir à un même groupe, marqué par les mêmes contraintes et soumis aux mêmes impératifs. Tout se passe comme si la fraternisation concentrait l'esprit de corps par de larges expressions de raillerie, de crainte, d'empathie, d'effroi et d'allusions à Allah (fig. 1). Le

tableau ci-après fait part des différentes expressions langagières mobilisées et leur traduction en langage local alternant la langue arabe et berbère. Il va sans dire qu'elles sont chargées de sens et de symboliques.

Tableau1. La fraternisation langagière des ouvrières d'atelier

On habille les hommes d'ailleurs sans habiller nos familles	Allusion à l'exportation des produits de leurs mains
Dieu est le seul juge de notre travail	Rejet de la pratique des primes de distinction[13]
Nous faisons la chasse au même loup	*Yane Ouchen an taï* (en berbère). Traduction : Notre ennemi est le même !
C'est dans l'atelier que se passe la véritable activité	Valorisation du travail de l'atelier par rapport au monde des bureaux
Diviser pour régner	*Fareq tasud* (en arabe)
Notre destinée est la même	*Massirna ouahed* (en arabe)
L'atelier est le degré le plus élevé du *hammam*	Langage imagé comparant l'atelier au *hammam*

[13] L'entreprise distingue chaque année trois ouvrières pour leur assiduité au travail, leur dévouement à l'entreprise et pour leur sérieux professionnel. Parce que ce régime de distinction introduit des différences entre ouvrières, il est décrié comme discriminant et arbitraire.

La verbalisation de l'univers du travail par la métaphore locale

En l'occurrence, le travail ne rationalise pas le langage (Boutet, 1998), c'est le langage qui fraternise le travail. Dans les activités les plus routinisées et les plus réglées, le langage sert à verbaliser l'univers du travail par la métaphore locale fraternisante. Le loup (*ouchen*) est synonyme d'intrus perturbateur à combattre. Cette métaphore est-elle dirigée contre le patron français dont la venue au Maroc pourrait être interprétée comme prédatrice ou, plus objectivement, est-elle mobilisée pour décrier les conditions de travail imposées par le modèle disciplinaire ? Quoi qu'il en soit, le loup représente l'ennemi de l'homme rural, gardien de la bergerie. La métaphore est significative dans la mesure où elle évoque la condition du berger aux prises avec le loup. Le monde du travail, qu'il soit symbolisé par le patron de l'entreprise ou plus largement comme un lieu « déconcertant » d'une activité ingrate, serait-il ainsi « l'ennemi du travailleur » ? Le recours à une autre métaphore permet de le soutenir. L'assimilation de l'atelier au degré suprême du *hammam* évoque la chaleur et extensivement la souffrance au travail. La croyance islamique du travail se ramène à l'effort. Le *hammam* – en tant que lieu « qui contribue à matérialiser l'idée que l'action ou l'effort sur soi est condition de la relation à Dieu » (Carlier, 1998, p.159) – symbolise le sanctuaire de la pureté, c'est-à-dire où l'on lave ses pêchés. Le fait qu'il soit ici associé à l'atelier montre que le caractère pénible du travail permet d'atteindre cette pureté. Plusieurs ouvrières insistent sur ce point :

« Dieu dit que c'est dans la maladie, la souffrance et le manque que l'homme est testé quant à sa foi. Nous acceptons la punition divine et que Dieu fasse que nous soyons parmi ceux qui le craignent ».

Certaines introduisent une autre métaphore religieuse pour insister sur cette chaleur, synonyme de peine, qui caractériserait l'atelier. C'est la notion de *jahanama* que l'on peut traduire littéralement par l'enfer. La symbolique de cette image est sans nuance : dans la tradition islamique, les mécréants et ceux qui ne s'acquittent pas de leurs obligations islamiques auront leur place en enfer – qui évoque à la fois la chaleur insupportable et la brûlure du feu. Dans les deux cas, il s'agit d'extirper une peine divine. Le fait de ressentir une telle peine au sein de l'atelier et sa conjuration par des pratiques « magiques » témoignent bien de la prévalence de la religion populaire à la fois comme croyance et comme code culturel.

Le langage mobilisé permet aussi de nommer les rapports sociaux d'exploitation par euphémisation. « On habille les hommes d'ailleurs sans habiller nos familles » met clairement l'accent sur cette prise de conscience de leur condition et du statut de l'entreprise, la condition des ouvrières dans une entreprise dont les consommateurs se trouvent ailleurs. Le salaire perçu ne permet pas d'accéder à la consommation des biens qu'elles produisent. Ce tic langagier témoigne aussi de l'amertume que leurs productions sont destinées à des populations étrangères.

Nous avons rencontré un parler sous forme de quelques imitations en français. Elles visent alors à disqualifier le groupe des secrétaires ou à conjurer l'inaccessible. Une dualité oppose le monde de l'atelier et celui des bureaux. Les ouvrières d'atelier mettant en avant :

- leur mentalité résistante ;
- l'acharnement au travail comme consécutif à leur éducation à la dure ;
- leur aptitude à la débrouillardise, seules, sans encadrement familial qui les prend en charge ;
- leur origine rurale.

Cette définition se fait en comparaison avec les secrétaires « toute en beurre » (*zebda*), les filles de leur maison, avec des doigts de stylo. Il s'agit en somme de dénoter la fragilité des secrétaires à s'atteler au travail d'atelier.

La résistance langagière est plus prégnante chez les anciennes ouvrières que chez les nouvelles. Ce qui laisse supposer que la durée passée dans l'entreprise est source de convictions plus tranchées sur la situation au travail et sur les tenants et les aboutissants du fonctionnement de l'entreprise.

Le langage représente une arme de résistance et revêt une signification multiple à charge symbolique. Il pointe la lourdeur du travail, les intentions du patron, la différence avec les autres mondes de l'entreprise. La pléthore de « tics » langagiers renseigne sur la vitalité imaginative d'un groupe dénué de tout capital, passant outre l'aphorisme Wittgensteinien : « Les limites de mon langage sont les limites de mon monde ».

Nous avons axé cette contribution sur l'apport d'une lecture des subjectivités au travail en termes de symbolique renvoyant tour à tour à l'imagination ouvrière de lutte contre l'aliénation et aux ressources communes dérivées de leur socialisation primaire, mystiques en l'occurrence. Cette interprétation met clairement l'accent sur le fait que le management, en particulier dans un contexte d'altérité (une entreprise française délocalisée en terre d'islam), n'est pas une science exacte, mais un art somme toute maniable, ajustable et finalement « bricolable » par les ouvrières avec les moyens qui sont les leurs.

Chap. 4 Travailler à tout prix. Argent et servitude ouvrière dans les entreprises délocalisées au Maroc

Nous nous interrogeons ici sur la servitude ouvrière au sein des entreprises, entendue comme la disponibilité des travailleurs à s'adapter à une précarisation accrue de leur condition de travail dans une quête incessante d'heures supplémentaires, y compris la nuit. L'insécurité économique, l'insuffisance du salaire jointe à la perte des repères en milieu urbain, acculent les ouvriers à déclarer l'argent comme finalité ultime de leur réussite. Dans le cadre d'une enquête sociologique menée sur les conditions de travail au sein de plusieurs entreprises françaises délocalisées au Maroc (Labari, 2007), nous avons pu relever que le travail de nuit rythme par intermittence le procès du travail. Une étude monographique au sein de la ville de Casablanca a ciblé une entreprise française d'habillement implantée dans l'un des quartiers industriels de la ville, *Aïn Sbaa*, au début des années 1990. Nous y avons mené des entretiens semi-directifs avec les ouvrières d'atelier, majoritairement célibataires et d'origine rurale. Les conditions de travail et leur rapport à l'argent font partie de la grille des thèmes abordés. Il en ressort que le travail de nuit n'est pas seulement favorisé par l'afflux des commandes pour ces entreprises exclusivement tournées vers l'exportation, notamment lors des périodes pleines (octobre, novembre et décembre). Il résulte également d'une demande ouvrière pressante. Le travail de nuit est en effet recherché par les travailleurs parce qu'il permet d'accroître la rétribution salariale équivalente dans la plupart des cas au SMIG marocain (2 600 Dh, équivalent de 260 euros). La centralité du salaire et le rapport si téméraire à l'argent relèguent le combat pour l'amélioration des conditions de travail au rang du non-dit et de l'accessoire : les entretiens menés et les questionnaires passés renseignent sur le fait que le salaire est une institution centrale pour les travailleurs. Dans ce qui suit, nous aborderons la question de l'argent chez les ouvrières d'atelier dans l'une des entreprises d'habillement enquêtées confinant à une sorte de servitude ouvrière dont le travail de nuit est l'exemple le plus illustratif. De toute évidence, il y a là la serviabilité ouvrière à l'entreprise et l'acceptation de travailler aux conditions exclusives de l'employeur.

Quand la nuit portait salaire

« Le travail de nuit est le résultat d'un volontariat et non d'une imposition. Je préfère prendre mes employés déjà fidélisés et connaissant l'entreprise que d'autres, nombreux, qui ne trouveront pas indécents de travailler un dimanche ou même une nuit si la contrepartie le commande » (Philippe, le patron de l'entreprise enquêtée).

Le travail de nuit des femmes est théoriquement interdit dans la législation sociale marocaine. Il est présenté par la direction de l'entreprise enquêtée comme un mode de fonctionnement de toutes les entreprises vouées à l'exportation. Une telle présentation est de nature à questionner à la fois le décalage entre les législations nationales et la réalité du travail, mais aussi la centralité de l'argument du salaire incessamment mise en avant par la direction des entreprises comme le soulignent les extraits d'entretien placés en exergue.

<u>Le travail féminin dans la législation marocaine</u>

- Les femmes ne doivent pas effectuer de travaux dangereux ni porter des charges plus lourdes que celles qui sont réglementées.
- Le travail de nuit (entre 22h et 5 h du matin) est interdit sauf dérogation et après avis de l'inspecteur du travail.
- L'égalité de rémunération avec les hommes est requise.
- Les femmes, en cas de grossesse, bénéficient d'un congé de maternité de 3 mois et demi selon sa convenance, avant ou après l'accouchement.

Extrait du Code du Travail, voté par le Parlement marocain en juin 2003.

La disponibilité à travailler plus, la quête du travail salarié quelles que soient les conditions de son exercice est en effet révélateur du primat du salaire sur les conditions de travail. Le travail de nuit est rangé dans la rubrique des « heures supplémentaires » qui sont au maximum de 8 heures par semaine. Les ouvrières sont motivées par la majoration du salaire fixée à 50 % si les heures supplémentaires sont effectuées entre 22h et 5h du taux horaires. Les heures travaillées le dimanche et les jours fériés sont majorées de 100 % du Smig horaire. L'argent est déclaré par les ouvriers comme une finalité indépassable au mépris des conditions du travail. Parce que la rétribution salariale est insuffisante pour satisfaire aux besoins élémentaires de la vie urbaine et que, par ricochet, l'argent est érigé en valeur fondamentale, le travail de nuit est l'une des alternatives pour accroître son salaire. Pour les ouvrières d'atelier, la forme de salariat des entreprises délocalisées repose sur l'absence de tout type de ressources autre que le salaire.

Tableau 2. Estimation des dépenses mensuelles d'une ouvrière d'atelier célibataire à Casablanca (en dirham marocain, 10 Dh sont l'équivalent d'1 euro)

Nature des dépenses	Montant en Dirham
Transport	300
Nourriture	400
Loyer	170
Vêtement et « accessoires de beauté »	200
Épargne	300
Aide à la famille	300 à 400
Total	1 670 à 1 770

En prenant comme base le SMIG mensuel marocain, force est de constater que les dépenses de l'ouvrière déracinée arrive juste à égaler le SMIG si nous fixions l'épargne et l'aide à la famille à 600 Dh. Étant donné

que la majorité de la main-d'œuvre est d'origine rurale, le coût du déracinement de la migrante consiste en une aide d'un montant de 300 Dh à l'endroit de sa famille. Cette dernière étant une référence constante pour les célibataires.
Par son comportement alimentaire et dépensier, l'ouvrière d'atelier est une prolétaire, c'est-à-dire une ouvrière vendant sa force de travail, vivant au jour le jour tout en espérant l'avènement d'un événement heureux (un conjoint sédentaire ayant un travail fixe par exemple).

Raisons d'accommodement au travail de nuit

Ce qui revient de façon récurrente dans les dires des ouvrières est la motivation de disposer d'un salaire à soi qui, même provisoire, même aléatoire, permet d'épargner dans la privation. Les enquêtées mettent en avant la réalisation des projets suivants : acheter un appartement, « monter » un dossier pour l'obtention d'un visa Schengen et rencontrer un conjoint. Même si le salaire ne le permet pas objectivement, l'argent est le moyen de satisfaire leurs besoins, voire la réalisation de leurs projets. Ces derniers sont certes ambitieux, mais révèlent l'importance de l'argent nécessaire à leur concrétisation. L'achat d'un bien immobilier équivaut à avoir un chez soi et pour sa famille comme d'autres le font. La compétition créée par le besoin confère à l'argent une valeur centrale dans les aspirations des ouvrières :
« On est payé sans retard, mais l'argent part vite »
« L'argent fraye le chemin partout même sur une montagne », fait valoir une enquêtée.
La puissance attribuée à l'argent, la croyance en sa valeur de « sésame » de toutes les portes commandent des comportements d'épargne et de privation. L'argent est plus que jamais nécessaire pour vivre dans la capitale économique du Maroc. Mais l'aisance matérielle observée dans les quartiers « luxueux » de Casablanca n'est pas accessible pour une ouvrière « smicarde » et vivant au jour le jour. Le monde bidonvillois, foyer de

nombre d'entre elles, et la solidarité avec ses semblables allègent les peines d'une existence à la fois vouée à la satisfaction de ses besoins élémentaires et au secours de sa famille restée au village natal. La vie en groupe permet de partager les frais, de s'organiser pour l'achat et la gestion des repas, d'élaborer un emploi du temps selon les disponibilités financières de chacune des co-locataires. La logique qui prévaut consiste à ce que chaque ouvrière tienne son tour avec parcimonie et responsabilité :

« Le seul mois où je deviens dépensière est l'*Aïd el-Kebir* et l'*Aïd el Fitr*. Là, la famille demande plus et je comprends : il faut contribuer à l'achat du mouton. Ils attendent aussi quelques cadeaux », argue une ouvrière.

Les ouvrières, en se portant candidates au travail de nuit, veulent se rendre utiles à leur famille. Cette disposition atteste de l'altruisme des jeunes filles qui vont en ville pour y travailler et aider ainsi les leurs restés au village. L'accès aux plaisirs de la ville de Casablanca est également mentionné.

Il est intéressant de se pencher à présent sur les facteurs qui font maintenir les femmes au travail dans un tel environnement de précarité. Deux explications sont données par les intéressées : la première est inhérente à l'ambiance de travail ; la seconde correspond à l'attente d'une régularisation de leur statut dans l'entreprise. Ces deux principales explications méritent d'être nuancées. Il est indéniable que la proximité et la camaraderie caractérisent le lieu du travail et le rendent – du point de vue des ouvrières – moins déshumanisant, mais le primat familial au travail semble autoriser ces modes d'explication :

« Nous sommes entre nous, on ne voit même pas le temps passer. Certes la fatigue nous gagne au bout de la nuit, mais le résultat final nous motive pour se reposer après » (Farida, 25 ans)

« Tant que je vis avec ma famille, je trouve cette situation avantageuse, le jour où je me marierai et qu'il faut que je vole de mes propres ailes, je serai une autre femme qui se consacrera à sa famille » (Hafida, 19 ans).

L'acceptation du travail de nuit s'explique aussi par cette stratégie du donnant-donnant qui anime les jeunes ouvrières :
« Si je ne chicane pas, en continuant à répondre présente quand le travail me demande, nos supérieurs le consignent et l'on peut bénéficier d'autres primes et devenir peut-être chef de produit ou chef de rang. Mais il faut être patient, il faut attendre, continuer à donner satisfaction même si les efforts ne sont pas toujours récompensés. Quand on prend un chemin, c'est comme dans une chute, on ne regarde plus derrière, on gère l'instant présent en aspirant à mieux dans l'avenir » (Karima, 24 ans).
La recherche d'un statut dans l'entreprise, sachant qu'une bonne partie de la main-d'œuvre ne dispose d'aucun contrat de travail (Labari, 2007b), motive les salariées occasionnelles à s'accommoder du travail de nuit. Elles espèrent, ce faisant, la reconnaissance patronale et partant une titularisation dans l'entreprise.
La référence incessante à l'argent nous invite à esquisser une sociologie de l'argent chez les ouvrières d'atelier.

Esquisse d'une sociologie de l'argent chez les ouvrières

La logique économique est l'élément structurant dans la vie et les aspirations des ouvrières. Elle révèle l'importance de l'argent dans le repositionnement identitaire de la femme salariée. Plusieurs sociologues considèrent l'argent comme le facteur d'émancipation de la femme. Simmel (1989), par exemple, fait valoir que l'argent, longtemps marqueur et domaine réservé de la masculinité, propulse désormais la femme dans la modernité par son entrée dans le monde du travail rémunéré.
Institution centrale pour les ouvrières d'atelier, l'argent l'est devenu à plusieurs titres.

Source d'émancipation et rupture avec la condition de leur mère

L'argent consacre la dépendance des femmes vis-à-vis de l'entreprise et de la ville de Casablanca. Il les maintient dans le monde de la production et leur procure par ricochet un semblant d'émancipation et de liberté :

« Gagner un salaire, c'est me prendre en charge sans avoir à demander quoi que ce soit à quiconque. Au lieu de travailler à longueur de journées pour ne récolter que le mépris, je n'ai pas choisi une famille qui m'a porté que de la haine, aujourd'hui, grâce à Dieu, je travaille et je ne fais pas la quête… » (Zaïna, 24 ans).

Un salaire à soi permet de s'affirmer en rupture avec la condition de leurs mères restées dépendantes du bon vouloir de leurs pères. Et Zaïna de mettre clairement l'accent sur cette différence entre les générations :

« Nous appartenons à une génération qui doit travailler au même titre que les hommes. Nos mères sont enchaînées par tant d'interdits – *haram* (illicite) ; *Aaïb* (acte répréhensible moralement)…). Avec mon salaire garanti, je peux aspirer à mieux. Des fois, avec des heures complémentaires, ma paie arrive à 4 000 Dh ».

Cette identification « laborieuse » à la condition de leurs mères est donc rendue possible par la détention d'un travail régulier qui s'accompagne d'un salaire garanti.

Argent et morale : la prostitution en question

Le rapport si téméraire à l'argent jusqu'à la violation de la morale islamique est bien symptomatique de l'avènement d'une autre morale. L'argent n'a pas d'odeur : la finalité de le gagner renvoie aux calendes grecques la nature des moyens mobilisés pour y parvenir. Il en est ainsi de la prostitution dont la logique économique implacable et la demande masculine favorisent l'essor. L'argent est une finalité qui relègue la morale et les traditions au rang de l'accessoire. Le rapport à l'argent dans un monde de plus en plus marchand, la cherté de la vie et la nécessité d'aider leurs familles poussent certaines ouvrières à s'adonner à la prostitution pour « arrondir » les fins de mois difficiles.

Certaines ouvrières d'atelier reconnaissent, au détour d'une allusion, que la prostitution fait partie de leur vie et que la pauvreté est le mobile essentiel les poussant à s'y adonner. D'autres assument franchement une telle condition en en faisant la condition nécessaire à leur survie économique :

« Je grille ma santé, je sacrifie ma jeunesse, les gens normaux se reposent la nuit et profitent des instants de la vie familiale. Moi, mes nuits sont parfois longues et frustrantes et tout cela pour empocher une poignée de dirhams. Quelle misère cette vie ! Quelle galère ce pays ! » (Najat, 22 ans).

On n'étale pas sa vie privée dans l'atelier ni ses occupations hors travail. Il n'est pas question d'avoir une telle réputation : une prostituée avérée rencontre l'hostilité des pieux et fait l'objet de la convoitise des « débauchés ».

Cette appréhension de l'argent ne se traduit pas par l'adhésion pure et simple à cette philosophie. Lucides, certaines ouvrières, se définissent comme les victimes d'un ordre social coercitif qui brouille les pôles d'identifications communs :

« L'argent est une idée qui m'obsède. Je cours derrière les heures supplémentaires, j'en arrive même à vendre mon corps et à toucher en une nuit ce que je ne peux toucher en une semaine de travail à l'atelier. Mais la jeunesse n'est pas éternelle, même le corps est soumis à la concurrence. Je vais bientôt avoir 23 ans, les filles plus jeunes sont plus "demandées"… ». (Najat, 22 ans).

Une telle prise de conscience de cette « dérive » comportementale, favorisée par un monde marchand, s'accompagne du regret de la vie d'antan :

« Au village on était heureux avec peu de chose, les gens étaient solidaires, on s'organisait, on se consolait avec ce qu'on avait. On faisait la fête et invitait du monde en plein air, on souscrivait, chacun donnait sa part en fonction de ses disponibilités financières. De nos jours, ce n'est plus pareil, on nous évaluait par notre salaire, et la maison exigeait des comptes en fin de mois. Les *moussems (fêtes de village célébrant un saint)* ne sont plus respectés dans leur périodicité. Dieu nous a ainsi tourné le dos pour avoir laissé tomber nos traditions, d'ailleurs il ne pleut que rarement dans le sud » (Fatima, 19 ans).

Pour la plupart des ouvrières, avoir laissé leur village natal est ressenti amèrement et elles se contentent d'une évocation nostalgique. Il s'agit désormais pour elles de s'accommoder d'un autre univers et d'en apprendre les règles. L'insécurité économique, l'insuffisance du salaire jointe à la perte des repères en milieu urbain, acculent les ouvrières à déclarer l'argent comme finalité ultime de leur réussite. L'éthique de « respectabilité », vécue anciennement par les jeunes filles chastes, devient artificielle. À la visibilité, consécutive au monde communautaire du village, succède l'anonymat de la culture urbaine, voire une sorte d'excentricité : le regard des autres ne devient plus essentiel. Cette quête d'argent coûte que coûte jette les jeunes femmes dans une dissonance protagoniste entre une socialisation primaire exigeante (la sacralisation du corps et « l'idéal » visant à préserver son honneur et sa dignité de femme) et un univers économique d'individuation dont l'apprentissage « malaisé » transforme le corps sacré en sacrilège et génère un sentiment de profonde trahison et la culpabilité d'attenter aux primes principes de la chasteté.

L'argent atteste finalement de la centralité du travail salarié

On a coutume, s'agissant des sociétés « holistes » à division de travail simple, de considérer le travail comme l'opposé de la paresse et non du chômage comme c'est le cas dans les sociétés occidentales « hiérarchisées » et à division de travail complexe. C'est P. Bourdieu (1963) qui a initié cette thèse dans le cas algérien et reprise depuis par certains sociologues marocains. Dans ses travaux sur l'Algérie, P. Bourdieu a défendu la thèse selon laquelle le travail ne s'opposait pas au chômage mais à la paresse. Une telle représentation du travail le séparait de sa fonction

économique, c'est-à-dire d'une rémunération. Le travail serait alors synonyme d'occupation. S'occuper est un acte social honorable aux yeux de la communauté, le collectif primant sur l'individuel dans les sociétés maghrébines holistes. Zakia Daoud (Daoud, 1980, p.71) par exemple invite à relativiser la signification du travail dans la société marocaine et insiste sur l'importance des petits boulots qui portent la marque de la débrouillardise.
La signification de la catégorie travail dans la société marocaine mérite une plus ample exploration : elle peut tour à tour signifier la capacité de « triompher » de sa journée, de s'impliquer dans les activités citadines, de gagner sa vie sans faire la quête – celle-ci étant considérée comme du ressort des individus qui présentent un handicap. Dans tous les cas, le travail suppose une contrepartie : un salaire, un service rendu, l'entretien d'un champ, la cueillette d'un fruit, etc. Il est certes synonyme d'occupation, mais une occupation orientée vers une contrepartie. Le sens commun appréhende celui qui ne s'occupe pas comme un « cadre du Ministère du repos, de la contemplation et de la protection des épaules » pour moquer sa paresse et souligner son manque d'utilité à la société. Par la fixité des horaires, le travail n'est plus seulement une occupation ni une faveur, mais une contrepartie (une rémunération), voire un contrat (pour les travailleurs détenteurs d'un contrat de travail). Il est aussi tributaire d'un rapport au temps. L'attitude vis-à-vis du temps cesse d'être dictée par l'aléatoire, le temps c'est de l'argent : l'heure travaillée rapporte quelques dirhams. La *hchouma* (attitude de celui qui se retient de faire quelque chose, la timidité) est le langage des faibles, elle ne fait que ruiner celles et ceux qui y souscrivent. Aux « sociétés sans horloges » comme on les qualifie naguère semble succéder une prise en compte du facteur temporel et la nécessité de l'utiliser à bon escient : « Le temps est comme une épée, si tu ne le coupes pas, il te coupe » fait valoir un proverbe.

Le corps à corps avec le temps a pour théâtre l'atelier : produire telle quantité la journée pour empocher telle rémunération, se porter volontaire au travail complémentaire quand les places sont limitées, c'est planifier son temps et le maîtriser pour gagner plus que les autres. Le temps productif doit tendre à une finalité matérielle. Il fait immersion dans le temps social pour le marquer du sceau que toutes les activités doivent tendre à un but :

« Je fais désormais attention à tout, je ne m'attarde plus sur les bavardages de rues. Si Dieu a créé le temps, c'est pour le sacraliser – *Amana* (chose confiée et dont il faut prendre religieusement garde pour la restituer telle qu'elle est reçue. C'est aussi un dépôt sacré) : on sera jugé de toute seconde qu'on aura inutilement gaspillée dans des choses insignifiantes de futilité – *Tafih* (paroles vaines). Il faut d'abord être utile à soi-même, ensuite à ses parents et à tous les autres » (Samira, 27 ans).

Le temps a inévitablement une grande répercussion sur l'organisation du travail. Tout doit tendre à la satisfaction des commandes dans un délai précis. Le temps responsabilise et rend solidaire l'ensemble des travailleurs vers un but commun et déterminé. Si le travail domestique n'est pas nécessairement orienté par le temps sachant que l'activité y est cyclique (ce qui n'est pas fait aujourd'hui le sera demain), l'atelier fonctionne en vertu et sous la contrainte du temps. Ce dernier y est séquentiel et chronométré, subdivisé en séquences à maîtriser, chaque travailleur à son niveau. À la lumière des entretiens réalisés, le travail se définit d'abord et avant tout par sa fonction économique. Dans un monde marqué par l'échange économique (payer un loyer, faire ses courses, prendre un taxi ou s'acquitter des frais des transports en commun), un salaire conséquent est une nécessité vitale. Il ne suffit pas d'avoir une occupation pour « tuer le temps » et devenir utile aux autres. La société urbaine s'individualise et la détention d'un travail salarié est le meilleur gage pour y négocier sa place et vivre ainsi dignement. Plusieurs ouvrières pointent clairement cette vision du travail :

« À Casablanca, ce n'est pas drôle, soit tu travailles et tu deviens digne ; soit tu te tailles les ongles et tu seras la risée de tout le monde ».

Le retour sur soi pour les jeunes femmes interrogées légitime leur situation qu'elles analysent en termes de déterminisme social et culturel :

« Je ne sais ni lire ni écrire et j'ai déjà de la chance de sortir de mon village et de trouver un travail. Après, il faut savoir se débrouiller et faire sa place dans cette jungle » (Latifa, 22 ans).

Le travail de nuit, mode de fonctionnement intermittent des entreprises vouées à l'exportation, non seulement révèle une certaine forme de servitude ouvrière, mais interroge aussi le rapport si problématique à l'argent. Il ressort clairement de cette courte réflexion que la rareté du travail dans le contexte social global accule les ouvrières d'atelier à une sorte de servitude involontaire mais socialement consentie. Au sein d'une économie-monde de plus en plus diffuse et hégémonique, la quête coûte que coûte d'un salaire jette les travailleurs locaux dans une concurrence rude à la recherche d'un emploi. Même précaire, le travail salarié s'érige en attraction des populations féminines avides de conquérir une autonomie dans un univers marqué jusqu'à un certain point par des valeurs patriarcales.

Chap. 5 Le travail informel saisi par la rationalité sociétale

« Vendeurs de cigarettes à la sauvette, pâtissières (crêpes) et boulangères (pain) à domicile, commercialisant le soir leur production du matin, marchands des quatre saisons, vendeurs d'eau, cordonniers en plein vent, pourvoyeurs de lunettes *Ray Ban* et autres contrefaçons à la terrasse des cafés, bonnetiers des coins de rues, écrivains publics, peintres et vitriers, plombiers et réparateurs se louant pour la journée aux abords des marchés, tout un peuple vit et survit dans les villes du Tiers Monde, et notamment dans celles du Maroc. Un peu d'astuce, beaucoup d'audace, rien à perdre, un peu de hasard ou de chance et quelques dirhams d'investissement initial, c'est tout ce qu'il faut pour pénétrer dans ce genre de profession » (Daoud, 1980, p. 71).

Le tableau particulièrement éloquent des formes de travail dans la société marocaine garde encore aujourd'hui sa pleine pertinence ; les différentes « professions » ainsi inventoriées dans la citation placée en exergue font plus figure de règle que d'exception au Maroc. La signification de la catégorie travail dans la société marocaine mérite une plus ample exploration : elle peut tour à tour signifier la capacité de « triompher » de sa journée, de s'impliquer dans les activités citadines, de gagner sa vie sans faire la quête, celle-ci étant considérée comme du ressort des individus qui présentent un handicap. Dans tous les cas, le travail suppose une contrepartie : un salaire, un service rendu, l'entretien d'un champ, la cueillette d'un fruit, etc. Il est certes synonyme d'occupation, mais une occupation orientée vers une contrepartie. Le sens commun appréhende celui qui ne s'occupe pas comme un « cadre du Ministère du repos, de la contemplation et de la protection des épaules » (!) pour moquer sa paresse et souligner son manque d'utilité à la société. En l'espèce, le travail informel serait la conséquence de la « culture nomade » et de la ruralité d'un grand nombre de Marocains.

Il est question dans cette contribution d'interroger le « travail informel » pris dans le contexte sociétal marocain à partir des enquêtes de terrain menées dans ce pays (Labari, 2007). Les illustrations empiriques, prises dans une configuration large impliquant l'État, les entreprises françaises délocalisées au Maroc et les individus en interaction permanente, permettront de voir la prégnance de l'approche sociétale dans l'appréhension et l'explication du travail informel (Maurice *et al.*, 1982).

Ce qui frappe un observateur s'intéressant au « travail informel », c'est la panoplie des définitions qui lui sont attribuées et, en même temps, leur contenu « universalisant ». Le travail informel, dans son acception la plus large, regroupe toutes les activités s'effectuant dans le secteur informel et non structuré, c'est-à-dire non relevé par la comptabilité nationale. Tour à tour, sa définition coïncide avec celle de la précarité, de la survie des populations livrées à elles-mêmes sans l'appui des autorités publiques, et du refus de la « main invisible » souvent assimilée à une Administration « inaccessible ». La contrepartie du déficit de dédommagement étant la ruse avec le quotidien et avec les circuits formels de l'économie dite moderne. Mais la plupart des définitions s'accordent à souligner que ce type de travail est transnational et universel, bien que revêtant des formes différentes selon les lieux, les cultures et l'état de « développement » des pays concernés. Voyons ce qu'il en est du Maroc. Quel est le statut du travail tout court et quelles sont les activités récurrentes qui peuvent être assimilées au travail informel dans le contexte marocain ?

« Effet sociétal » et rapport salarial : rappel de quelques repères paradigmatiques

L'internationalisation grandissante des entreprises, la « réussite fulgurante » du modèle japonais, l'accroissement d'un travail de type transfrontalier ravivent le questionnement de l'interaction entre les entreprises, leur environnement local et la « socialisation primaire » des travailleurs. Ce questionnement se déploie autour de deux propositions opposées.

La première est culturaliste faisant « état d'un puissant lien entre cultures et modes de management » (Chevrier, 1996). Les entreprises, dans leur stratégie de délocalisation ou de multinationalisation, ne sont pas seulement une affaire de techniques, mais aussi et surtout de symboles. Elles devraient pour cela prendre appui sur les cultures nationales comprenant religion, institutions politiques et faits de socialisation.

La seconde est universaliste déniant l'importance des cultures nationales et partant du credo que la gestion n'a pas de nationalité et que la performance et l'excellence sont des valeurs universelles qui ne doivent en aucun cas être altérées ni entravées par des obstacles culturels. C'est la théorie de la convergence selon laquelle le projet d'entreprise a pour vocation d'unifier les pratiques de gestion en faisant fi des spécificités culturelles.

Se voulant un dépassement de ces deux paradigmes « extrêmes », l'approche sociétale développée par Maurice *et al.* (1982) s'intéresse à la façon dont les sociétés ont élaboré différemment le rapport salarial (écarts salariaux, importance des statuts, poids de la politique de qualification…). Leur démarche se propose de comparer les systèmes allemand et français et concluent qu'il est particulièrement difficile de comparer terme à terme les rapports que développent les deux sociétés vis-à-vis du travail salarié et extensivement eu égard à d'autres réalités transnationales. Cette approche, innovante, puise dans les spécificités sociétales pour expliquer les configurations socio-logiques prévalentes dans les deux sociétés. Dénonçant aussi bien le culturalisme que les théories de la convergence, ils mettent en avant que :

« Ce sont les rapports sociaux spécifiques d'une société – rapports éducatifs, organisationnels, industriels – qui fondent une idéologie, non l'inverse » (Maurice *et al.*, 1982, p. 355).

On l'aura compris : cette contribution met l'accent sur le rapport salarial comme reflet et conséquence de rapports sociaux spécifiques. Il y aurait donc, selon ces auteurs, une concordance entre faits de socialisation et faits d'organisation, entre les espaces professionnels, organisationnels et éducatifs. Ils privilégient en cela la « socialisation secondaire » que ce soit celle dispensée par l'école ou par l'entreprise. La « socialisation primaire », essentiellement du ressort de la famille, n'est pas prise en compte dans cet effort pour expliquer les cohérences sociétales. Ils écrivent à cet égard :

« Chaque dimension du rapport salarial acquiert sa spécificité dans une société donnée à travers les relations stables que cette dimension entretient avec les autres. L'étude de ces relations permet ainsi de lever l'indétermination qui semble résulter de l'observation de fortes différences nationales. Elle conduit en effet à affirmer la force des cohérences sociétales à travers lesquelles le salariat se construit dans chaque pays comme entité irréductible au rapport économique et au rapport social qui le fondent » (Maurice *et al.,* 1982, p. 14).

Si, à la lecture de cet ouvrage, on peut souscrire au bien-fondé de la comparaison France-Allemagne par le prisme du rapport salarial, on peut se demander si l'effet sociétal peut aider à la compréhension des formes que revêt le travail informel dans le contexte marocain. La comparaison France-Maroc peut-elle se révéler pertinente dans la justification de la réactualisation de la figure du travailleur informel ? Les rapports sociaux développés autour des délocalisations industrielles françaises au Maroc sont à l'image d'une société

stratifiée, recomposée et traversée par des clivages aussi bien spatiaux, régionaux que socio-économiques.
Procédons à des illustrations qui touchent directement le statut du travail et de l'emploi au Maroc, en l'élargissant à des rapports salariaux bien spécifiques et du recours à des « figures périphériques » au milieu de travail.

Le travailleur précaire aux frontières ou au cœur du travail informel ?

Dans la plupart des entreprises étudiées, toutes les ouvrières et contrôleurs ne sont pas déclarés en tant que salariés.
Comment caractériser le statut des non-déclarés ? Peut-on parler de « travail clandestin » ou de « travail informel » concernant plus du tiers des travailleurs dans les deux entreprises ?
Dans son acception juridique, le travail clandestin recouvre toute activité indépendante exercée à titre lucratif par une personne physique ou morale avec la volonté d'éluder des obligations à caractère professionnel (immatriculation professionnelle), financier ou social. Pour le salarié « victime » et usant de cette forme d'activité, le travail clandestin peut se manifester par l'absence de bulletin de paie ou d'inscription sur le registre du personnel et le livre de paie. On notera que cette définition ne peut pas s'appliquer à notre catégorie pour la simple raison qu'il n'y a pas une volonté de leur part d'éluder leurs obligations. L'informel conviendrait mieux aux entreprises étudiées dans la mesure où les travailleurs non déclarés sont exclus du circuit formel et qu'il touche des individus précaires (en majorité des jeunes femmes sans capital scolaire).
On se doute que cette situation n'est pas voulue par les intéressés. C'est un « travail informel imposé » car ce qui retient les travailleurs est l'aspiration à un changement de statut par la régularisation qui est du seul ressort de la direction. Cette situation montre la prééminence de la politique d'entreprise et le pouvoir discrétionnaire du patron quant à la titularisation des

ouvriers. Tout se passe comme si cette précarité était un « rite de passage » avant de disposer d'un contrat de travail et des bulletins de salaire. Il n'y a pas de règles clairement définies et portées à la connaissance des travailleurs quant aux modalités de titularisation des ouvrières. Elle obéit à un certain nombre de critères, en grande partie, liés à l'ancienneté et à la « fidélité à l'entreprise ». L'ancienneté pourrait être de 16 mois à 4 ans. La fidélité à l'entreprise, difficile à évaluer, frise l'allégeance à son patron. Sous préjudice d'une énumération plus complète, on peut avancer les caractéristiques suivantes : peu ou pas d'absentéisme, disponibilité à travailler « en fonction des urgences », c'est-à-dire de l'afflux des commandes, avoir bénéficié d'une ou de plusieurs primes de distinction, avoir fait preuve de respect vis-à-vis de la hiérarchie.

L'approche sociétale a prévenu qu'il est difficile de procéder à une comparaison entre deux pays sans tenir compte des différences nationales dans la construction d'une catégorie.

Suivant cette démarche, on ne peut manquer de souligner des clivages, liés à la culture et aux institutions différemment intégrées dans les processus sociaux, qui rendent toute comparaison délicate.

À côté des figures classiques, il existe dans le contexte marocain des figures que j'appelle périphériques tant elles ont un rapport « personnel » avec le patron des entreprises. C'est à ces figures que je vais m'intéresser à présent.

À la périphérie du salariat : de nouvelles servitudes ?

J'entends par cette appellation les travailleurs qui sont plus ou moins liés aux entreprises délocalisées. Je vais m'intéresser à trois de ces figures : le *chaouch*, la bonne et le porteur. Leurs parcours, leur condition dans la société marocaine et leurs rapports respectifs au patron français renseignent sur la singularité d'une activité atypique dans le contexte marocain. Ces trois figures sont pourvoyeuses de ce qui est appelé les « avantages de service[14] » ; la rigueur de leur condition les confine à ce « statut » mal défini et juridiquement problématique. Seul des trois figures, le *chaouch* dispose d'horaires fixes car il est inféodé à l'entreprise. Quant aux deux autres figures, les patrons des entreprises les mobilisent à leur service.

Deux dimensions définissent le travail de ces trois figures

Premièrement, il n'est pas prescrit par une définition stricte des tâches à accomplir avec des horaires arrêtés. Il se déroule au gré de celui au service duquel ils travaillent.

Secondement, il est effectué de façon solitaire.

Le *chaouch* : une figure de virilité

Le *chaouch* n'est pas un travailleur comme les autres au sein de l'entreprise. Sa position est celle d'un singleton à l'intersection du monde de l'atelier et de celui des bureaux. Seule une chaise devant le portail de l'entreprise permet de le distinguer et de le repérer du reste. Or, cet isolement est fondamentalement aliénant : il est l'homme qui exécute les directives du patron français traduites et transmises par la secrétaire. Il est, avec les cadres marocains et les secrétaires, celui qui a des rapports quotidiens avec le patron français. Sa tenue vestimentaire, sa « virilité » protectrice et son parcours d'homme à poigne font de lui un élément de premier ordre dans une entreprise délocalisée. Vêtu d'un tablier bleu ou d'une *Djellaba*, le *chaouch* pourrait faire figure d'homme-frontière car il représente le relais entre l'entreprise et le monde extérieur. Son rôle est de surveiller, de faire part de tout ce qui se passe aux alentours de l'administration ou de l'entreprise :

« Le *chaouch* est mon antenne parabolique. Il est au courant de tout et me fait partager ses curiosités et ses suspicions. Malgré la barrière de la langue, il arrive à me

---

[14] Rappelons que parmi la cinquantaine de patrons du secteur de l'habillement de Casablanca, 13 % ont cité ce facteur comme présidant à la délocalisation. Cf. notre communication aux Journées scientifiques du Réseau Entrepreneuriat de la francophonie, (Labari, 2005).

tenir informé de tout ce qui se passe dans l'unité et en son dehors » (Philippe, patron de l'entreprise casablancaise).
Dans l'administration marocaine, il est un rouage essentiel du « routage » de l'information : dans plusieurs banques, quand les chefs de service ne sont pas là, c'est lui qui signe les accusés de réception du courrier. Il peut aussi remplir une fonction d'exutoire dans l'entreprise, les employés n'hésitant pas à évacuer sur lui la pression du travail :
« Un *chaouch*, tu peux te décompresser en l'engueulant. Il n'a pas d'état d'âmes » (Un employé de l'entreprise casablancaise).
Le rapport qu'il a avec le patron de l'entreprise est essentiellement instrumental. En plus de son salaire (1 700 Dh, 170 euros), il cherche à maximiser le montant des pourboires qu'il peut tirer en échange de sa loyauté et de son allégeance. Peu lui importe les conditions de travail, sa seule motivation est d'arrondir les semaines et les fins de mois.
« Ma tête est à l'extérieur et non à l'intérieur, chez mes gosses et ma femme… Tout ce qui me préoccupe, c'est d'arriver à leur assurer le quotidien, de faire en sorte qu'ils mangent à leur faim ».

La bonne : une figure de la domesticité sociale
La bonne, formée en tant qu'aide-ménagère, reste confinée à l'intérieur du foyer pour servir sa famille d'accueil. Elle est la servante de toute la famille à commencer par l'époux, lui repassant ses habits, lui servant le goûter, etc. Il est difficile de brosser avec justesse le portrait de la « bonne », néanmoins quelques constantes demeurent dans l'identification des origines sociales et géographiques de cette figure. Dans la quasi-totalité des cas étudiés, on retrouve les mêmes caractéristiques. En premier lieu, la pauvreté familiale en milieu rural est un facteur décisif amenant à « louer » sa fille et à « céder » ses services à des familles urbaines plus aisées. Le recrutement se fait par la filière familiale. En second lieu, les jeunes filles, orphelines de mère et

dont le père épouse une autre femme, se mettent au service d'autres familles plus aisées pour échapper à la maltraitance du foyer parental.
Les déterminants sociaux ont ici valeur de justification. Les dix cas étudiés ont en commun de fuir un environnement familial où le juste nécessaire fait défaut. Sept sont issues d'une famille nombreuse, trois sont orphelines de mère, le mariage du père ayant précipité le départ vers la ville de Casablanca. Une étude sociologique (Guessous, 2002) fait valoir que presque chaque foyer urbain de Casablanca dispose d'une bonne ou d'une aide-ménagère. L'insuffisance, voire l'absence d'un État social garantissant la scolarisation des enfants en bas âge, l'inaccessibilité des établissements privés pour les ménages à revenu moyen, l'importance croissante du travail féminin[15] et la honte (incapacité culturelle) de l'homme marocain devant des tâches domestiques ou ménagères constituent les causes de cette demande. La domination masculine dans le cadre du patriarcat accule la femme ou plutôt la jeune fille à se couler dans la domesticité sociale :
« Je suis née avec les tâches ménagères, je ne sais faire que ça. Ce que je fais depuis ma prime enfance, c'est de servir d'abord ma famille et puis les autres par la force des choses ».
Polyvalente, la bonne effectue une série de travaux dont elle avait l'habitude. Mentionnons, sous préjudice d'une énumération plus précise, quelques-unes de ces tâches : le ménage, la cuisine, les petites courses, la garde des enfants, la vaisselle…
Elle commence souvent en tant qu'aide-ménagère sous le magistère d'une femme plus âgée et plus expérimentée avant de vaquer aux soins du ménage de façon indépendante. Dans le cadre de son travail au sein d'une famille française, le travail est allégé par l'équipement du foyer : machine à laver le linge,

[15] De plus en plus de couples s'engagent dans la vie active. Une telle situation bouleverse la division du travail au sein des ménages. D'où le recours à la bonne pour assurer des tâches domestiques.

machine à laver la vaisselle et un aspirateur. Ses différentes activités se concentrent sur l'apprentissage du maniement de toute cette technologie domestique. En réalité, le quotidien n'est allégé qu'en apparence, la bonne peut être sollicitée pour faire des petites courses, servir d'accompagnatrice à *Madame* dans son *shopping* occasionnel, s'occuper des bébés. Si le travail domestique est une pratique universelle, il revêt dans le contexte des patrons français une signification particulière en ce sens que la bonne nourrit l'espoir de suivre sa famille d'accueil dans ses déplacements, le séjour au Maroc étant supposé temporaire.

Pour le patron, les services quotidiens d'une domestique peuvent lui procurer un certain prestige et constituer un signe extérieur de réussite sociale. La dépendance recherchée implique la préférence d'une domestique migrante venue de la compagne plutôt qu'une citadine : logée et nourrie, la bonne bénéficie d'un salaire peu élevé, ses tâches et ses horaires sont indéterminés, elle est en outre suffisamment isolée pour peiner à s'informer sur ses droits et faire part de ses revendications. Ce qui tient lieu de rétribution pour la bonne, c'est de trouver un toit qui l'abrite et une famille qui la nourrit :

« C'est mon gagne-pain, je mange, je suis à l'abri… et je prends une semaine par an pendant l'*Aïd El Kebir*, je ramène de l'argent à la ma famille. On est une famille nombreuse, le *Gaouri* (L'européen) fait plein de cadeau à mes frères et sœurs » (Samira, 17 ans).

Tout se passe comme si la bonne, face à des jours qui se suivent et se ressemblent, cherchait à mobiliser sa subjectivité en se projetant vers un avenir radieux sous le patronage de sa famille d'accueil. Elle considère sa condition comme transitoire vers le mieux :

« On me raconte que plusieurs jeunes filles ont émigré en France ou en Espagne après avoir servi chez des familles. C'est au sein de ces familles qu'elles ont monté leurs papiers pour suivre d'autres » (Habiba, 18 ans).

Le porteur : une figure de l'exportation

La figure d'*Ahmal* s'inscrit dans une tradition typiquement marocaine. On le retrouve dans les gares routières, dans les *souks* ou dans les aéroports et toujours faisant montre de sa disponibilité à porter des courses ou des bagages. Cette figure est désormais liée à l'exportation. Son rapport avec le patron français n'est pas aussi régulier. Certes c'est le patron lui-même qui le rémunère de la main à la main, mais c'est pour l'entreprise que le porteur vend ses services : faire sa place, s'imposer pour donner un coup de main – une tâche de transport qui pourrait être assurée par les ouvriers de l'entreprise, mais que ceux-ci lui laissent par « solidarité ». La compétitivité imposée par le système économique et social introduit en l'occurrence quelques solidarités entre les ouvriers « sédentaires » et cette figure périphérique « nomade ». Comment caractériser le travail du porteur ? S'agit-il d'une activité atypique, d'un travail occasionnel ou d'un autre type de labeur remis au goût du jour par les entreprises exportatrices ? C'est au miroir d'une histoire de vie que je vais tenter de répondre à cette question. Prenant comme référence principale le cas de cet homme âgé de 37 ans et père de deux enfants, je vais résumer brièvement son parcours singulier à la lumière de son témoignage. Il est l'un des porteurs les plus anciens de la place (le quartier industriel Aïn Sbaa) et le plus « lié » aux entreprises exportatrices. Ayant été contraint par la justice d'épouser une jeune fille avec qui il avait eu une relation sexuelle hors mariage, Ahmed s'établit dans le bidonville *Les carrières centrales* avec son épouse et leurs deux enfants. L'un et l'autre, malgré des disputes conjugales fréquentes, ont pérennisé leur couple pour éduquer leurs enfants. Son épouse, Aïcha, est femme de ménage deux à trois jours par semaine. Tout comme lui, elle n'arrive pas à trouver un travail stable dans la capitale économique du Maroc. Ahmed souligne le peu d'opportunités qui lui sont ouvertes :

« À mon âge, je perds espoir. En plus je n'ai pas été à l'école. Mon père, que Dieu ait son âme, ne m'a légué

ni boutique ni maison. J'en suis donc à être au service des autres. J'ai ma santé, c'est le plus important et puis, on ne sait pas ce que demain nous réserve ».
Ahmed est donc devenu porteur faute de mieux. Aucune formation, aucun savoir-faire technique ne sont exigés pour cette tâche, si ce n'est la seule force des bras et extensivement la capacité à déplacer les marchandises de poids. Le sens commun le nomme *Talb Mâachou* pour moquer l'étroitesse de ses besoins : il n'est au travail que pour gagner son dîner.
On l'appelle aussi « le bouc », bon à effectuer les tâches les plus ingrates et à disparaître en attendant une prochaine opportunité. Quand on naît pauvre sans héritage ni horizon et qu'on n'a pas accès à l'école, on est voué à s'infiltrer dans les espaces les moins compétitifs laissés vacants par l'économie marchande : l'informel ou des activités occasionnelles. Si le « bouc » est une métaphore dépréciative le désignant comme l'errant se servant de ses épaules, il est aussi le bouc émissaire, fonction remplie par le transgresseur des valeurs traditionnelles. En s'adonnant à l'adultère, la société locale lui réclame le tribut de son comportement ; s'éloigner, son épouse et lui-même. Une telle transgression le jette dans une vulnérabilité relationnelle vis-à-vis de sa famille au point que ses enfants sont rejetés comme une honte de la famille et considérés comme des « enfants illégitimes » pour leurs grands-parents :
« Je pensais payer ma dette en épousant la fille que j'ai rendue enceinte sans mariage. Notre société, hélas, ne pardonne pas les égarements, surtout ceux inhérents à la religion. En ayant ce rapport, je ne voulais pas attenter à ma religion. Qui ne fait pas d'erreurs ? C'est humain. J'ai eu l'indélicatesse de me faire prendre, mais j'ai assumé et j'aime à présent ma femme ».
Pour essayer de sauver l'honneur, du moins d'atténuer cette honte, il faut fuir le regard de l'entourage. C'est à Casablanca qu'il partira, la grande ville où il trouvera des possibilités de travail, tout en se coupant de ses proches.

Ahmed se définit comme un vagabond prêt à faire des kilomètres si le travail l'appelle. Il est un travailleur occasionnel rôdant dans le quartier industriel à la recherche d'un travail. Dans son rapport aux entreprises délocalisées, cette figure périphérique ne « vend ses services » que dans les quartiers industriels de haute intensité.
Vivant au jour le jour, il retient méthodiquement les jours et heures du chargement des camions pour l'acheminement des marchandises vers l'Europe. Il connaît également toutes les entreprises du secteur en les classant en termes de générosité à son égard. En règle générale, il perçoit une rémunération variant entre 50 à 100 Dh (5 à 10 euros) pour les quelques chargements effectués. Parallèlement à cette activité intermittente, Ahmed s'infiltre aussi dans les interstices de « l'économie populaire » de subsistance en qualité de vendeur de cigarettes au détail et à la sauvette. Il s'agit pour ce porteur, dont les ressources dépendent des cigarettes de contrebande et des chargements des camions d'exportation, de vaquer à des occupations de circonstance en tirant parti de son contact avec les métiers d'exportation. Il poursuit à présent ses activités de porteur et de vendeur de cigarettes au détail.
Formellement, l'absence du contrat de travail jette les travailleurs, soit dans l'informel, soit dans de nouvelles servitudes. Si, en tout cas dans son acception moderne, le travail est régi par des contrats qui placent les rapports dans un cadre professionnel et légal-rationnel (n'est-ce pas sous ce terme que M. Weber définit la société moderne rationnelle en finalité) et consistent à « civiliser les relations sociales et le pouvoir patronal » (Supiot, 1994, p. 151), la relation entre les directions d'entreprises enquêtées et les figures « travailleuses » que nous avons répertoriées relève d'un rapport fait de loyautés, d'allégeances et de servitudes. On voit dans le contexte sociétal marocain émerger ou s'accentuer de nouveaux types de rapports qui échappent aux classifications habituelles (travail salarié, emploi atypique, travail domestique, travail informel). Hors contexte, ces différents qualificatifs sont inopérants

s'agissant des réalités marocaines. Comment les nommer sans recourir au traditionnel euphémisme et sans prendre exemple sur des classifications qui dénient les spécificités sociétales ?

La nationalité de l'entreprise, la position sociale et le paraître de son dirigeant sont autant de marques de domination. En vertu de cette hypothèse, les patrons français disposent d'une représentation positive chez les demandeurs, nombreux sur le marché (Labari, 2007) Le *Gaouri* est détenteur d'une image de marque auprès de la bonne qui trouve le rapport interpersonnel plus avantageux qu'avec un patron marocain. Il est considéré comme plus respectueux de la condition féminine et plus généreux s'agissant du traitement de ses employées de maison : il leur ferait moins sentir le poids de la domination. Souvent orphelines et déracinées, les bonnes recherchent une sécurité dans une ville « hostile ». Le *Gaouri* ne manque pas de se prévaloir de l'image que lui accole le sens commun à savoir la droiture, le respect de l'autre, la non-violence et la générosité économique. Il s'agit là de tout un faisceau de croyances qui assoit grandement l'image du Français au Maroc au point qu'il voit tout ce qui l'entoure comme à son service.

S'il est vrai que c'est dans l'activité que l'on peut déceler la condition de l'Homme (Arendt, 1958), il est aussi vrai qu'on peut détecter dans le travail de l'une et l'autre figure les prémisses de la division sexuelle du travail. Le *chaouch* incarnerait la virilité, l'extérieur ; la bonne la docilité et l'intérieur. Quant au porteur, il serait l'archétype même de l'homme débrouillard.

La direction des entreprises tire une rentabilité indéniable du rapport qu'elle entretient avec les figures périphériques. Leur avenir (à l'exception relative du porteur qui a d'autres activités) dépend de son bon vouloir. Ces types de rapports sont favorisés, selon moi, par les spécificités sociétales dans le cadre global des interdépendances entre sociétés à avantages comparatifs. Sans développer plus avant cette question, il apparaît que la spécificité marocaine au sein de l'économie-monde rend plus attractifs les investissements étrangers. C'est sans doute là qu'intervient l'explication la plus rigoureusement économique des rapports sociaux : les attributs du « facteur Travail » sont si disponibles, si « obéissants » et si flexibles en contexte marocain qu'ils rendent si « prospère » et si avantageux le « facteur Capital ». Une société ouverte pourrait-elle faire perdurer une telle organisation sociale ? Dans quelle mesure les changements socio-économiques et politiques, résultats de ces changements, peuvent-ils mettre à mal ces modes de fonctionnement ? Il est certain que ces interrogations ne peuvent pas se satisfaire d'une réponse simple dérivée de « l'histoire immédiate ».

Chap. 6 La mise en concurrence salariale : mode d'emploi empirique

Deux combinaisons sont mises à contribution pour diviser la main-d'œuvre.
La première est relative à la façon dont est entretenu le clivage structurel entre les salariés permanents de ces entreprises et les travailleurs occasionnels (non déclarés). Cette manière de gérer la main-d'œuvre locale, s'appuyant essentiellement sur les carences de la législation du travail, aboutit à la fabrique d'une sorte de nomadisme salarial en ce que les travailleurs occasionnels sont réduits à l'errance d'un quartier industriel à un autre pour gagner leur face à face avec le quotidien et espérer un jour la titularisation au travail.
La seconde se rapporte aux éléments « objectifs » qui favorisent, voire légitimant cette mise en concurrence eu égard au contexte sociétal et politique marocaine.

Cliver les travailleurs au moyen du contrat de travail
C'est un fait que la main-d'œuvre marocaine présente des avantages comparatifs favorables. Son accroissement continu (les jeunes représentent plus de 50 % de la population marocaine selon le dernier recensement de 2014), la disponibilité sur le plan local d'une main-d'œuvre « prête » à travailler dans des conditions de précarité et de grand rendement sont autant de facteurs qui favorisent la délocalisation. Marcel Albert, patron d'Albert SA résume laconiquement la différence de salaire entre ouvriers de différentes nationalités :
« Avec le salaire d'une ouvrière française, vous pouvez employer, à temps de travail et de productivité équivalents, 9 marocains, 25 Thaïlandais, 35 Chinois, 65 Russes ou 70 Vietnamiens » (Cassart et Gérard, 2001).
Le dénominateur commun de toutes les entreprises étudiées est qu'elles font coexister en leur sein deux types de travailleurs.
Le premier se rapporte aux salariés permanents qui bénéficient d'un contrat de travail et de l'affiliation à la

CNSS (Caisse nationale de sécurité sociale). Ils sont de l'ordre de 60 à 70 % de l'ensemble du personnel des entreprises enquêtées et œuvrent dans le salariat d'exécution. Leur rémunération correspond au SMIG marocain (1 700 dirhams, soit 170 euros). Les cadres marocains qui secondent les patrons de ces entreprises ainsi que les secrétaires comptent parmi les privilégiés avec une stabilité professionnelle enviable et une rémunération avantageuse : les fonctions de médiation sont nettement plus valorisées que le salariat d'exécution. Une secrétaire est rémunérée au double du SMIG alors que les cadres locaux peuvent percevoir jusqu'à 20 000 dirhams (2000 euros) de salaire mensuel. Les cadres et employés du service administratif sont des catégories appartenant formellement à l'entreprise et bénéficient des droits du travail tels qu'ils sont contenus dans la législation marocaine. Tous bénéficient d'un contrat à durée indéterminée. La législation marocaine ne reconnaît pas des formes médianes de type CDD (Contrat à durée déterminée) même si le nouveau Code du travail le stipule pour certains secteurs et de façon exceptionnelle :

« Le contrat de travail à durée déterminée peut être conclu dans certains secteurs et dans certains cas exceptionnels fixés par voie réglementaire après avis des organisations professionnelles des employeurs et des organisations syndicales des salariés les plus représentatives ou en vertu d'une convention collective de travail ».

Le second type de travailleurs peut être caractérisé de main-d'œuvre occasionnelle ne disposant pas de contrat de travail. Cette main-d'œuvre, essentiellement féminine, jeune, majoritairement d'origine rurale et ayant un rapport transitoire à l'école, répond aux convocations et aux sollicitations des entreprises pendant les périodes pleines et en fonction des commandes. Pour le secteur de l'habillement, ces périodes de flux tendus coïncident le plus souvent avec les mois d'octobre, novembre et décembre, soit les fêtes de fin d'année en Europe, destination principale des exportations. Ces travailleurs occasionnels sont payés au SMIG/horaire, environ 7 dirhams, (70 centimes d'euros). La rémunération se fait en espèces « sonnantes et trébuchantes », rares sont les travailleurs qui disposent d'un compte bancaire[16].

Nonobstant quelques variations, ce clivage structurel entre ces deux types de travailleurs concerne la totalité des entreprises étudiées. L'objectif de ces dernières tient à ce que la main-d'œuvre occasionnelle soit disponible quand elle est sollicitée, même ponctuellement pour quelques jours, voire pour une nuit[17].

Certains patrons justifient ce clivage :

« J'ai des permanents et des occasionnels qui ne sont pas égaux au regard de l'entreprise. Les premiers sont là au jour le jour quel que soit l'état des commandes, ils sont payés au SMIG. Les occasionnels sont appelés quand la situation du marché le veut. Ils sont payés à l'heure comme dans les entreprises environnantes ».

S'appuyer sur les ressorts communautaires pour s'attacher une main-d'œuvre docile

Deux techniques sont utilisées par les entreprises pour « capter » et « fidéliser » la main-d'œuvre occasionnelle.

La première est de s'appuyer sur les ressorts communautaires et sur le familialisme : les salariés permanents servent d'intermédiaires pour l'embauche occasionnelle des membres de leur famille ou de leur connaissance. L'existence d'une « armée de réserve » en constant renouvellement dans les régions d'implantation des délocalisations offre aux entreprises la possibilité

[16] 84 % des Marocains de plus de 20 ans ne dispose pas d'un compte bancaire, *Le Journal, (l'actuel journal hebdomadaire),* éd. du 17-23 novembre 1997.

[17] « La nuit porte salaire ! » (voir Labari, 2007). Le travail de nuit est présenté par la direction des entreprises comme un mode de fonctionnement de toutes les entreprises vouées à l'exportation. Une telle présentation est de nature à questionner à la fois le décalage entre les législations nationales et la réalité du travail, mais aussi sur la centralité de l'argument du salaire incessamment mise en avant.

d'en disposer à leur guise. Cette main-d'œuvre, « prenable et jetable » et dépendante des fluctuations de commandes, fait montre aussi de son nomadisme allant d'une entreprise à une autre, même des fois avec une distance de 15 à 20 km. Le « nomadisme salarial », qui fait déplacer les ouvrières d'une entreprise à une autre, les place *de facto* au carrefour de plusieurs appartenances désenchantantes :
« Dans ma tête, c'est le brouillard. J'aimerais bien tenir une place et y rester. Rien ne m'enchante à présent, les jours se suivent et se ressemblent » (Zineb, 23 ans).
Ce concept de nomadisme de la main-d'œuvre dans le contexte de cette économie-monde (qui offre cette forme si particulière d'emploi) est central car il met en lumière la précarité du plus grand nombre, versant dans le fatalisme que « tout ce qui doit arriver arrive et que tout ce qui arrive coïncide avec ce qui devait arriver » (Duvignaud, 1991, p. 38).
Il est indéniable que le référent islamique remplit en l'occurrence la fonction de justification de cette précarité, mais les entreprises tirent aussi parti des ressorts familiaux de la main-d'œuvre recrutée :
« On m'importe et on m'exporte comme une marchandise, mais ai-je d'autres choix que de suivre le chemin de mes intérêts immédiats. Ma sœur travaille régulièrement à l'usine. Ça me soulage qu'il y ait au moins un membre dans la famille qui est stable » (Habiba, 21 ans).
Ce à quoi le patron de cette entreprise rétorque :
« La marche de mon entreprise ne dépend pas de mon bon vouloir ; elle est à l'image du marché. Je ne veux pas m'aventurer en promettant du travail régulier à tout le monde ».
Ce qui me conduit à la seconde alternative : le travail régulier est bel et bien l'horizon recherché par les travailleurs occasionnels qui se présentent d'eux-mêmes dans les entreprises pour y trouver des attaches. La course au travail, même non déclaré, est une alternative « acceptable » au chômage et à l'inoccupation. En l'occurrence, le travail peut tour à tour signifier la

capacité de « triompher » de sa journée, de s'impliquer dans les activités citadines, de gagner sa vie sans faire la quête – celle-ci étant considérée comme du ressort des individus qui présentent un handicap. Dans tous les cas, le travail suppose une contrepartie : un salaire. Il est certes synonyme d'occupation, mais une occupation orientée vers cette contrepartie. Pour un travailleur occasionnel, l'entrée dans l'entreprise permet d'être en position d'attendre sa régularisation, c'est-à-dire rejoindre le noyau fermé des salariés déclarés où les places sont âprement disputées[18]. Le contrat de travail donne droit, outre au congé annuel payé et à l'affiliation à la sécurité sociale, à la prime d'ancienneté. Cette prime est accordée aux travailleurs à partir d'une durée d'ancienneté de 2 ans et se répartit comme suit :

- 5 % du salaire après 2 ans de service ;
- 10 % du salaire après 5 ans de service ;
- 15 % du salaire après12 ans de service ;
- 20 % du salaire après 20 ans de service.

Plus tôt la régularisation acquise, aussitôt courent les temporalités d'acquisition de ces différents « avantages salariaux ». Dès lors, les travailleurs occasionnels se lancent dans une course fiévreuse en vue de leur hypothétique titularisation au travail.

La politique des entreprises délocalisées au Maroc poursuit un objectif majeur : atomiser, diviser et « démembrer » les travailleurs en établissant au moyen du contrat de travail un hiatus dont la fonction est précisément de les éloigner les uns des autres. « Si tu n'as pas de souliers, pense à celui qui n'a pas de pieds » semble souligner la portée de cette politique étant donné que le nombre grandissant d'hommes et surtout de femmes à la recherche d'un emploi non qualifié tire les salaires et les conditions de travail vers le bas. Le prix de cette posture « misérabiliste » peut se mesurer par la « corvéabilité » (Appay, 1996) entendue comme la mise

[18] Sauf une ouvrière mariée dont le mari, en religieux traditionnel dans bien des cas, trouve normal qu'elle quitte l'entreprise.

à disposition permanente et aléatoire des travailleurs au service de l'entreprise, ou plus précisément par la « servitude involontaire mais socialement consentie » (Labari, 2004b) dont le contexte marocain est censé regorger.
Chaque travailleur étant préoccupé d'abord par son cas personnel, la fissure introduite par le contrat de travail est à l'image d'une société de contraste, fragmentée et en proie à l'individualisation.
La mise en concurrence entre les salariés permanents et les travailleurs occasionnels fait de la précarité de ceux-ci un « rite de passage » avant de disposer d'un contrat de travail et des bulletins de salaire[19] à l'instar de ceux-là.
Il n'y a pas de règles clairement définies et portées à la connaissance des travailleurs quant aux modalités de leur titularisation dans l'entreprise. Elle obéit à un certain nombre de critères, en grande partie, liés à l'ancienneté et à la « fidélité à l'entreprise ». L'ancienneté pourrait être de 16 mois à 4 ans. La fidélité à l'entreprise, difficile à évaluer, frise l'allégeance à son patron. Ce qui est frappant c'est que les conditions de régularisation au travail ne sont pas les mêmes pour les hommes et pour les femmes. Les hommes, dont le travail consiste essentiellement à veiller à la marche de l'entreprise par la surveillance et le contrôle, font l'objet d'une sédentarisation à partir des attributs qui débordent le cadre de l'entreprise (âge et situation familiale). Les mariés avec enfants âgés de plus de 35 ans sont prioritaires dans cette politique de régularisation.
Les femmes, quant à elles, sont soumises à une compétition en vue de donner satisfaction à partir des critères spécifiques au milieu du travail.
- Peu ou pas d'absentéisme ;

---

[19] Disposer des bulletins de salaire est vivement recherché dans la mesure où il permet de présenter le dossier de visa Schengen au consulat de France (pour prolonger le nomadisme qui semble décidément les caractériser et pour être en quête d'une autre régularisation dans le pays d'accueil une fois le visa obtenu….).

- Disponibilité à travailler « en fonction des urgences », c'est-à-dire de l'afflux des commandes ;
- Avoir bénéficié d'une ou de plusieurs primes de distinction[20];

Dans tous les cas, ce sont les travailleurs les moins qualifiés (essentiellement les ouvrières d'atelier) qui subissent l'arbitraire de la précarité et de l'imprévisibilité.

Pourquoi tant de misérabilisme et d'accommodements à ce type de salariat flottant ?

La première considération est « l'inachèvement » de la législation nationale du travail conjuguée au manque d'implantation des syndicats de combat dans les entreprises. Dans les cinquante unités enquêtées, il n'y a pas de délégué syndical, mais simplement, et même pas dans tous les cas, un délégué du personnel complètement inféodé à la direction des entreprises.

La deuxième est l'effraction qui caractérise la politique des pouvoirs publics face à la ruée des entreprises internationales vers la Maroc. F. Ghiles s'en est fait l'écho dans un article du *Monde Diplomatique*[21] avant de conclure à l'impératif de l'urgence de mesures audacieuses dans cette perspective.

Une politique volontariste de régulation, alliant l'ouverture du Maroc aux entreprises internationales et l'émancipation des salariés, notamment la main-d'œuvre féminine, doit se déployer autour, notamment, du respect du Code du travail, promulgué à la fin de l'année 2004. Le Maroc ne pourrait pas rester indéfiniment « prisonnier » de ce paradigme, et les

[20] Les primes récompensent un tiercé de travailleurs en fonction des appréciations contenues dans leurs fiches individuelles. L'assiduité, l'irréprochabilité dans l'exécution du travail ou le respect de la hiérarchie sont autant de vertus professionnelles valorisées et primées par la direction. Ceux qui sont choisis pour recevoir leur prime émettent leur choix : la prime peut être un cadeau d'usage ou une somme d'argent cachetée dans une enveloppe.

[21] Voir « Le pays entre dans la mondialisation par effraction », *Le Monde Diplomatique*, juin 2001.

« salariés » marocains ne resteraient pas les mêmes à se reproduire à l'identique et à entretenir les mêmes rapports au travail. Deux tendances pourraient nous inciter à un optimisme tempéré.

La tendance endogène est caractérisée par une alphabétisation généralisée, y compris des filles, une urbanisation accélérée et l'usage des moyens d'information et communication tournés vers l'extérieur. Toutes conditions qui sont à coup sûr primordiales pour dépasser la condition du travailleur « résigné et docile ». Pour les femmes marocaines, le projet de la réforme du Code du statut personnel et la scolarisation des filles dans les milieux ruraux est sans nul doute un signe fort de la consolidation du processus de leur émancipation. La délocalisation des entreprises internationales est un phénomène relativement récent au Maroc datant de la fin des années 1980. La main-d'œuvre marocaine appartient à la première génération de travailleurs dans ces entreprises. On peut faire l'hypothèse que l'évolution de la société marocaine à épouser les standards d'une « société-monde » autour de l'équité et du droit du travail « accoucherait » d'une autre génération plus résistante à des formes de « domination » ou de « servitude ».

La tendance exogène est reconnaissable au rôle de plus en plus important d'une société civile transnationale mobilisée autour de la défense des travailleurs locaux face au non-respect de la réglementation du travail par les entreprises internationales, des mouvements altermondialistes et féministes veillant sur l'égalité de traitement entre les hommes et les femmes ainsi que sur l'amélioration des conditions de travail. La plupart des associations qui mènent un combat en faveur des travailleurs marocains font partie des organisations et institutions telles que le BIT (Bureau international du travail) et ATTAC (Association de taxations des transactions pour l'aide aux citoyens) ou Transparency-Maroc. Ces associations, essentiellement foyers des diplômés chômeurs, sont dans la plupart des cas des résultantes de la diffusion internationale des idées en faveur d'une régulation de la mondialisation économique libérale.

Chap. 7 Marché du travail et jeunesse féminine

Activité et orientation *lato sensu* : une corrélation heuristique

Tout observateur sérieux ne peut que relever l'importance des inégalités subsistantes dans le système éducatif dans son ensemble. L'élève, fille ou garçon, du milieu rural dont l'école se situe à des kilomètres de chez lui, a tout à envier à celui dont « son » école prestigieuse est à quelques pas de « sa » résidence. De même, à l'échelle d'une même ville, l'école du quartier « sensible » fréquenté par l'élève dont le père passe son temps dans des cafés est aux antipodes de celle encastrée dans une résidence aisée du centre-ville. C'est dire que l'offre de l'éducation, qui devrait être la voie vers l'activité et l'emploi, est certes théoriquement de la même teneur, mais inégale dans la réalité de notre société inégalitaire à bien des égards. La plupart des études qui font aujourd'hui autorité dans le domaine de la sociologie de l'éducation établissent une corrélation entre le milieu d'appartenance – de référence – de l'élève, son parcours scolaire et son insertion dans le marché du travail. La socialisation familiale, religieuse et économique prédisposent l'individu à un type de parcours professionnalisant plus ou moins valorisé selon la position sociale de ses parents. Une fille de pilote a assurément plus de chance d'avoir la bonne information sur les formations porteuses et autant de moyens (capital économique et culturel) d'y accéder. Une fille d'ouvrier et *a fortiori* de chômeur, même faisant preuve d'une excellence scolaire, serait acculée, au mieux, à intégrer l'université massifiée. Il reste que des mécanismes de débrouillardise, d'intelligence sociale, de ruse avec le déterminisme pourraient parfaitement déjouer cette inamovible loi sociologique. Sans parler de trajectoire qui laisserait entendre que la route est déjà tracée, j'emploierai pour ma part le terme de « déambulation » pour justement souligner qu'on ne choisit pas son parcours au menu ou sur une carte, mais au gré des contraintes et des contextes, une sorte d'orientation *lato sensu* et non *stricto sensu.*

L'accès avantageux au marché du travail dépend en partie du type de capitaux dont l'élève ou sa famille sont détenteurs. Il faut insister sur la différence entre capital hérité (de ses parents) ou « incorporé » durant sa socialisation et « capital acquis » à la sueur de son front pour comprendre l'effet de déambulation qui est en jeu dans les pratiques et qui justifie les stratégies de reproduction que les agents mettent en place. Il en découle que les classes les plus riches en capital culturel inclinent à investir plutôt dans l'éducation de leurs enfants en même temps que dans les pratiques culturelles propres à maintenir et à accroître leur rareté spécifique alors que les fractions les plus dotées en capital économique se désengagent des investissements culturels et éducatifs au profit des investissements économiques. Celles-ci miseraient plus sur l'option « travailler à son compte » pour leur progéniture en les initiant au monde de l'entrepreneuriat alors que celles-là enverraient bien leurs rejetons aux meilleures écoles de commerce et de gestion pour accéder à des postes de direction dans les *holdings* prestigieux. Il reste que le système éducatif actuel est à repenser à la lueur d'une vision plus pragmatique et à visée professionnalisante : réduire les inégalités, pas seulement territoriales, mais également sociales, culturelles et entre sexes, introduire des options pas seulement de savoir-faire, mais également de savoir-être et de faire-valoir dans les cursus sont quelques pistes programmatiques pour qui de droit…

Compte-tenu de ce qui précède, il ne serait pas exagéré d'affirmer que les jeunes filles sont moins avantagées pour avoir une bonne option d'intégration dans le marché du travail. Il ne serait pas faux non plus d'avancer l'hypothèse que dans une société, à maints égards, patriarcale, les jeunes filles vivant dans des contrées lointaines sont encore confinées dans le monde domestique (comme c'est le cas des domestiques de maison) et sont privées de la méritocratie, régime que doit privilégier l'école de l'égalité des chances. Ceci conduit à penser l'activité au féminin comme essentiellement exercée dans le salariat d'exécution, nonobstant l'aspiration des jeunes filles, essentiellement citadines, à se positionner dans un marché du travail de plus en plus précaire et flexible.

Des jeunes filles à l'assaut du salariat de l'exécution : une activité en bas de l'échelle

Ce qui ressort des différentes enquêtes réalisées dans le contexte marocain, que ce soit celle menées sous l'égide du Haut Commissariat au Plan, ou celles effectuées par des chercheurs sociologues et économistes, c'est la féminisation progressive du salariat de l'exécution. Il en découle que les jeunes filles sans qualification sont astreintes à occuper des emplois non qualifiés, le plus souvent précarisés. Les exemples ne manquent pas : ouvrières dans le secteur de l'habillement, hôtesses de caisse dans la grande distribution, travailleuses dans les fermes agricoles, opératrices dans les centres d'appel... Tout se passe comme si la féminisation du salariat de l'exécution générait celle de la précarité.

L'entrée des jeunes femmes dans la vie active est une donnée sociologique d'importance dans la société marocaine qui s'urbanise grandement. Si la jeune femme rurale a toujours effectué des activités domestiques marquées par l'invisibilité, nous assistons depuis au moins une vingtaine d'années, à l'exode des femmes vers les villes industrielles, voire des ville-mondes. Consécutivement à ce premier acquis, l'échec de l'homme à assurer le train de vie du foyer conjugal engendre une diminution de son capital de domination et implique de sa part une tolérance et une permissivité croissante quant au travail des femmes.

D'un point de vue méthodologique, nous avons pu relever que la jeune femme dans les face-à-face sociologiques que nous avions menés, a développé une conscience de classe ouvrière (*working-class*). Elle cesse d'être un « objet parlé » pour devenir un « sujet parlant ». Nous maintenons qu'elles sont bel et bien

conscientes de leur condition précaire au sein des structures patriarcales du travail. La disponibilité à travailler plus n'est pas un fait exclusivement féminin, mais concerne toutes les classes défavorisées. Il s'agit de travailler plus pour gagner plus et non de travailler autrement pour être épanouie au travail. Nous sommes ici confrontés à la question de la centralité du salaire sur les conditions de travail, et le rapport à l'argent des catégories sociales défavorisées se fait au détriment de leur bien-être physique et mental. Cette forme de servitude au travail et la centralité de l'argent peuvent donner lieu à des formes déviantes et illicites de comportement social. Deux exemples peuvent être donnés : informalisation et criminalisation des activités socio-économiques dont la principale victime est la femme (économie informelle, économie populaire et économie criminelle). Le second exemple est la prostitution considérée ici comme un revenu complémentaire dans un monde de plus en plus marchand. Cette disponibilité à travailler plus accule aussi la femme à une forme de « nomadisme salarial » (Labari, 2007), courant d'une entreprise à l'autre à la recherche d'heures complémentaires. Ce concept de nomadisme de la main-d'œuvre dans le contexte de cette économie-monde (qui offre cette forme si particulière d'emploi) est central car il met en lumière la précarité du plus grand nombre, versant dans le fatalisme que nous évoquions précédemment en citant Duvignaud (1991) : « tout ce qui doit arriver arrive et que tout ce qui arrive coïncide avec ce qui devait arriver ».
Il est indéniable que le référent islamique remplit en l'occurrence la fonction de justification de cette précarité (Labari, 2008, mais les entreprises tirent aussi parti des ressorts familiaux de la main-d'œuvre. La course au travail, même non déclaré, est une alternative « acceptable » au chômage et à l'inoccupation. En l'occurrence, l'activité des jeunes filles peut tour à tour signifier la capacité de « triompher » de sa journée, de s'impliquer dans les activités citadines, de gagner sa vie sans faire la quête.

Le travail des jeunes femmes au Maroc est rarement pensé par les intéressées elles-mêmes en termes d'épanouissement, mais résulte d'un impératif économique : subvenir à ses besoins vitaux, aider sa famille et nourrir les bouches nombreuses que l'agriculture en crise n'arrive plus à prendre en charge. Même à l'extrémité supérieure de l'échelle du travail, des recherches récentes (Maruani, 2013) corroborent l'idée que la femme interrompt sa formation prématurément et accepte des emplois mal rémunérés bien en dessous de son potentiel réel.

Le dernier résultat que j'aimerais faire valoir est sous-tendu par un questionnement sociologique central : la précarisation des jeunes filles dans le milieu du travail s'accompagne d'un processus de désaffiliation sociale et de vulnérabilité relationnelle. Il est indéniable que dans le contexte marocain, la famille joue un rôle de rempart à cette forme de précarité polymorphe. On invoque souvent la famille comme un enjeu indépassable de l'identification du Marocain et de la Marocaine ; mais on peut émettre hypothèse que la centralité de la famille cède la place progressivement à la centralité du travail. Tout un travail de recherche reste à mener pour valider ou nuancer cette hypothèse.

Des jeunes diplômées dans le marché du travail : et la brèche s'ouvrit…

La société change au point d'être qualifiée de « composite » (Pascon, 1986): scolarisation généralisée des jeunes filles, urbanisation accélérée, politisation de la jeunesse et internationalisation des pratiques culturelles sont des faits sociaux marquants de ces dernières décennies. L'accès des jeunes filles à l'enseignement supérieur et l'excellence qu'elles y déploient continûment les prédisposent à occuper des postes à responsabilité et à exercer des activités plus valorisantes : que ce soit dans les professions libérales (avocates, architectes pour ne citer que les plus en vue), de la santé publique (pharmaciennes, chirurgiennes…) ou dans le domaine de l'Éducation en qualité d'ingénieures (Scarfo Ghellab, 2005). Nombre de jeunes filles s'engagent aussi dans l'économie solidaire ou travaillent à leur compte en montant leur propre entreprise. Tout cela est de bon augure, mais le « plafond de verre », entendu comme l'ensemble des pesanteurs qui entravent l'ascension des femmes vers des hiérarchies professionnelles socialement consacrées, guette cette mobilité méritée des jeunes filles, plus discriminées, mais sans doute mieux armées pour faire valoir la nécessaire équité qu'elles peuvent judicieusement réclamer et conquérir, grâce notamment à cette société civile transnationale combattante en faveur de l'universalité des droits – professionnels – des femmes.

Chap. 8 Le *leadership* dans le contexte marocain. Du religieux à l'hybride

Considérations sur le *leadership* : de l'universel et du spécifique

Il convient de commencer par relever ce qui est majoritairement admis – à savoir que le *leadership* n'est pas une donnée innée transmissible par le biais du patrimoine génétique des individus, mais une longue et laborieuse construction tributaire des pesanteurs aussi bien sociales, culturelles que politiques. C'est le processus historique, comme l'a analysé N. Eliats (1975) dans le contexte de la civilisation occidentale, qui engendre tel ou tel type de leadership. L'acuité du *bizness history*, la centralité des modalités de la formation des élites, l'impact plus ou moins hégémonique du référent religieux, la nature du pouvoir politique et des modes de légitimation du pouvoir, concourent à façonner la nature du *leadership* dans le contexte marocain. Mais des changements sociaux d'ampleur touchant aussi bien au renouvellement des générations qu'à l'ouverture du Maroc au processus de la mondialisation intégrant bon gré mal gré les normes internationales de responsabilité sociétale des entreprises et plus largement du développement durable bousculent à coup sûr les modes traditionnels du *leadership*.

Al Qiada* ou *Azzaama. Telles sont les principales traductions du terme *leadership* en langue arabe. Certes ces traductions recoupent la signification universelle qui se rapporte à l'art de conduire des Hommes à bon escient, à avoir une certaine influence sur leurs choix et pratiques. Toutefois, en se penchant sur le cas spécifique du Maroc, force est de remarquer la coexistence d'un certain nombre de caractéristiques indispensables à convoquer pour comprendre la nature et l'essence du *leadership* et les germes de son évolution. La tendance contemporaine est que le processus de la mondialisation a affecté jusqu'à un certain point, et sans y introduire des changements majeurs, les modèles traditionnels de *leadership* prévalant dans le contexte marocain. Sant les caractériser en termes d'hybridité, nous pourrions avancer l'hypothèse de la juxtaposition d'une pluralité de modèles qui fait écho au concept de société composite forgé par le sociologue P. Pascon (1986).

Sous préjudice d'une énumération plus fine, nous pourrions les poser comme suit :

En premier lieu, nous sommes en présence d'une société dans laquelle persiste des vestiges de la société segmentaire, c'est-à-dire d'une société tribale, dans laquelle le *leadership* repose sur le fondement d'allégeance à un chef charismatique, détenant le pouvoir parce que bénéficiant d'alliances familiales.

Deuxièmement, la société marocaine demeure une structure globalement autocratique du pouvoir frisant le culte de la personnalité sous le vernis d'un *leadership* de type paternaliste.

Troisièmement, une imposante référence au religieux générant une vision messianique du *leader*, y compris dans les organisations marchandes, structure et définit la configuration du *leadership* dans le contexte marocain.

Quatrièmement, la société marocaine, du fait de son ouverture « assumée » à la mondialisation, pourrait libérer l'espace à une génération de *leaders* « technocrates » à l'allure modernisante et au style non encore identifié.

Une société dans laquelle persiste des vestiges de la société segmentaire

La société segmentaire est un vieux concept sociologique dont la paternité revient à E. Durkheim qui, dans sa thèse de doctorat sur la division du travail social, soutenait que les relations de parenté de type endogamique déterminent pour l'essentiel la production d'une société à division de travail simple, à forte conscience collective et dont la ressemblance entre les individus constitue le fondement. Ce type de société générerait un type de *leadership* basé 1/ sur la déférence envers l'âge (le plus âgé étant considéré comme le plus

sage, donc le plus respectable et le plus digne d'être obéi) ; 2/ sur l'appartenance à une tribu pieuse et sur l'allégeance sans faille aux valeurs ancestrales communes.
Un certain nombre d'études anthropologiques ont fait valoir la tendance du Marocain, et encore plus de la Marocaine, à faire sienne une forme de résignation au réel, à épouser une vision fataliste de l'ordre social ou cosmique, voire à légitimer des rapports de consensus et partant d'autoritarisme de quelque côté qu'il émane. Ernest Gellner[22] sur le plan des structures communautaires, John Waterbuty[23] dans le domaine du politique et plus récemment encore Abdallah Hammoudi (ici en 1997) dans une perspective historique, ont souligné la persistance dans le contexte marocain de l'héritage segmentaire.
Les rapports sociaux de type segmentaire est un thème que A. Hammoudi fait remonter à la « constitution autoritariste » de la société marocaine à travers la relation entre le maître et le disciple dans la tradition de l'islam mystique. Selon Hammoudi, le maître, dans la tradition soufie, est celui qui dispose de la *Baraka* et d'une science à transmettre au disciple qu'il aurait choisi parmi une foule de prétendants. Ce dernier, pour percer le savoir du maître et hériter de sa *Baraka* doit lui vouer

[22] Voir Gellner E. (1961), *The role and organisation of a berber zawya* et sa traduction récente, *Les saints de l'Atlas* (2003). Il est d'usage de souligner un fait universel qu'on a trop tendance à généraliser s'agissant du Marocain, ce dernier se définissant prioritairement en référence à sa communauté, à son village, à sa niche culturelle et à sa région. De l'intérieur, cette définition de soi et cette image à soi répondent à un besoin d'identification segmentaire analysé par E. Gellner. Cette identification en termes segmentaires permet dans la perspective gellnerienne de rendre la société intelligible pour que les individus se connaissent et qu'on puisse les reconnaître. De ce fait, l'individu conserve ses attaches et se conduit dans l'imitation de son groupe d'appartenance. Cette théorie anthropologique, conservatrice, dénie tout changement propulsé par l'individu-acteur…

[23]« Le Marocain, qui n'est à l'aise qu'intégré à une collectivité et se sent démuni dans une action autonome, conçoit le pouvoir et l'autorité comme défensifs avant tout, servant à protéger et à conserver plus qu'à créer ou à détruire… », (Waterbuty, 1975).

une admiration sans bornes et partager avec lui les aléas de la quotidienneté. Cette proximité peut aller jusqu'à l'acte sexuel étant donné que le disciple est obligé de se montrer d'une servitude sans faille. Cette relation (masculine dans laquelle la femme est exclue) est cyclique. Le résultat de cette lecture est que cette relation se transpose à tous les échelons de la société et aboutit au règne de l'autoritarisme, à la persistance du patriarcat et ultimement à la stabilité sociale et politique. Dans le contexte du Maroc des profondeurs, il est avancé que l'entreprise représente l'émanation de la zaouia (confrérie religieuse) en ce sens que ce serait les chefs religieux, guerriers et de tribu qui sont les plus prédisposés à devenir *leaders* en affaires (Labari, 2015). Dans le contexte marocain, la servitude ne serait donc pas volontaire, mais partie intégrante du fonctionnement social et politique. Une société ouverte pourrait-elle faire perdurer cet « héritage historique » ? Dans quelle mesure les changements socio-économiques et politiques peuvent-ils mettre à mal ces modes de fonctionnement ? Il est certain que ces interrogations ne peuvent pas se satisfaire d'une réponse simple dérivée de « l'histoire immédiate ».

Le *leadership* sur le plan des institutions sociales comme la famille, l'institution religieuse et scolaire serait encore imprégné, notamment dans le milieu rural de cette lecture dialectique entre un maître détenteur de capitaux spirituel et symbolique et un disciple aspirant à se parer à son tour de ces capitaux.

Une structure globalement autocratique du pouvoir frisant le culte de la personnalité sous le vernis d'un *leadership* de type paternaliste

Sur la plan des institutions politiques, plusieurs traits se conjuguent pour former un type de *leadership* conforme au patrimonialisme. Il en est d'une vision autocratique du pouvoir faisant du chef le décideur suprême, celui dont la parole équivaut à la loi.

Le capitalisme familial, même si le concept peut à certains égards s'avérer peu heuristique, est une catégorie universelle du développement économique. Au commencement, le familialisme, le népotisme, l'instinct tribal, sont à l'origine de l'émergence des sagas familiales dans les grandes entreprises. On entend souvent dire « Les 10 familles qui dominent l'économie d'un tel pays » et l'on constate empiriquement que l'entreprise se confond avec le nom de son fondateur et la transmission de ce patrimoine se fait de père en fils – et rarement de mère en fille – et dans tous les cas se cantonne dans le capital familial. Ce qui explique la prégnance du patriarcat dans les structures marocaines. Les alliances par mariage entre grandes familles sont de ce point de vue un indicateur de premier ordre, une sorte d'endogamie de classe. Dans le cas du Maroc, il y avait d'abord des *trusts* coloniaux dont les figures les plus connues sont Jean Epinat et Jean Walker. Ensuite intervient, au lendemain de l'indépendance, la nationalisation de certains secteurs stratégiques de l'économie, mais surtout la marocanisation qui a conforté un certain nombre de positions économiques de type familial. Mais sociologiquement, je puis avancer l'hypothèse qu'il ne s'agit point là d'une spécificité marocaine et qu'en vérité l'économie d'une nation ainsi que le *leadership* en son sein ne sont, en dernière analyse, que le reflet de ses structures sociales, voire mentales. L'enracinement et la légitimation d'un capitalisme de type familial n'ont été rendus possibles que par la gestion de la main-d'œuvre par des méthodes paternalistes ou néo-paternalistes impliquant des conduites dépendantes. Il s'agit alors de socialiser les travailleurs à l'entreprise comme les enfants à leur famille :

« Le paternalisme désigne un rapport social dont l'inégalité est déniée, transfigurée par une métaphore sociale qui assimile le détenteur de l'autorité à un père et les agents soumis à cette autorité à ses enfants. Cette métaphore tend à transformer les rapports d'autorité et d'exploitation en rapports éthiques et affectifs, et le devoir et le sentiment se substituent au règlement et au profit » (Pinçot et Pinçot-Charlot, 1999).

Il est certain que le paternalisme, modèle originel de la gestion des entreprises dans les domaines agraires, se retrouve dans le domaine du politique à travers cette allégeance des individus au chef plus âgé, l'âge étant synonyme de dette morale. L'équipe dirigeante constituée autour du *leader* est reconnaissable à un degré élevé d'intimité entre ses membres et le *zaïm*, une sorte d'organicité à une tête, de fidélité frisant un dévouement à toute épreuve – la compétence n'étant que rarement sollicitée dans le processus du recrutement puisque le chef est autant vu comme un père et un guide et non comme un cadre hiérarchique disposant d'un savoir-faire digne d'être transmis. Cette structure autocratique a pour inévitable conséquence d'ériger l'informel en une règle faisant que les postes occupés ne disposent pas d'une fiche de prérogatives clairement définies. Ce déficit d'institutionnalisation débouche sur une incertitude quant à la succession au *leadership*, générant des zones d'instabilité récurrente. Le paternalisme en entreprise relève ainsi d'un mythe parce qu'il repose sur une contradiction. D'une part, il adule l'ordre hiérarchique à maintenir que l'on retrouve dans son sens premier à travers la relation père-fils et de maître-disciple ; de l'autre, il repose sur le sentimentalisme qui fait de l'entreprise le réceptacle des attentes des travailleurs qui peut se résumer par cette formule : « Vous êtes mon patron, vous devez me trouver un logement et vous occuper de moi ».
De telles conduites dépendantes trouvent leur apogée dans cette prise en charge des salariés par leur entreprise, y compris pour ce qui est inhérent à la protection sociale : le patron prend « ses » ouvriers en charge en leur fournissant logement et en leur assurant transport. En retour, les ouvriers font preuve de loyauté envers « leur » patron et d'investissement affectif dans le travail. Le paternalisme évoque le mode de gestion de la main-d'œuvre qui a marqué le développement industriel de la fin du XIXe siècle. Des études ont montré combien ce type de paternalisme est pénétré de religiosité : hospice, crèche, hôpital étaient des institutions que le

patronat mettait à la disposition des ouvriers (Rogissart, 1940).
Mes observations au sein des entreprises familiales m'ont conduit à confondre les manifestations du *leadership* en partant de l'hypothèse avancée par Nicole Mercier et Denis Segrestin (1983, p. 152) que :
« le travail à l'usine reste par lui-même comme transparent à la société locale. Il s'agit d'un travail homogène, peu hiérarchisé, à faible niveau de qualification et ne requérant aucune véritable coopération productive » On note, en effet :
1°/ La mise en place d'une proximité spatiale et identitaire en milieu du travail, garant d'un management de proximité et de convivialité.
2°/ La règle du respect de la hiérarchie. Ce respect est marqué par la croyance que le salut du travailleur se trouve entre les mains de « son » patron monopolisant le pouvoir de décider et s'érigeant en détenteur des faveurs à distribuer.
3°/ La promotion d'un système de communication enfoui dans l'imaginaire traditionnel local. Cette procédure de communication appelée *L'Brih* a pour fonction première de s'adresser indistinctement à tout le personnel au-delà du rang et du statut de chacun pris isolément. À y regarder de près, *L'Brih* privilégie la démarche interpersonnelle nécessaire à la consolidation du lien social en milieu de travail.
4°/ La réactivation de cette procédure locale appelée la *Djemâa*. Dans la société locale, les biens de la communauté, gérés par le membre que cette *Djemâa* désigne pour assumer cette fonction, appartiennent irréductiblement à tous ses membres.
La posture néopaternaliste est reconnaissable également à l'implication des travailleurs dans la gestion de leurs affaires par voie « participative » : chaque ouvrier peut décider du mode et de la périodicité de sa rémunération. On peut paradoxalement relever à partir de ce trait néopaternaliste une autre dimension à savoir la propulsion d'un mode de « gouvernance démocratique » porté par l'entreprise.

5°/ L'inflation des échanges de cadeaux, une sorte de *potlach*, entre les travailleurs et leur patron. Au-delà de cette inflation, c'est le résultat qu'elle implique qui est intéressant à étudier. En effet, une certaine familiarité s'enracine dans l'entreprise, ce qui n'est pas sans renforcer les modes de domination par l'affect. Le discours teinté de sentimentalisme prend plusieurs tournures dans le contexte du travail (le tutoiement, les apparitions bienfaisantes…). Le processus social dominant ne considère pas l'échange marchand comme indépassable ; le don et la réciprocité représentent des valeurs locales qui forment le contenu des interactions sociales en milieu de travail.

Une imposante référence au religieux générant une vision messianique du *leader*, y compris dans les organisations marchandes

La question du *leadership* articulée au religieux n'est ni nouvelle ni anodine. L'œuvre de M. Weber a amplement creusé l'hypothèse d'une articulation entre éthique calviniste et esprit du capitalisme. Mais ce sociologue, s'inspirant d'Ibn Khaldun dans son approche, vilipende l'islam : frein à l'émancipation économique, son esprit « spécifiquement féodal » serait à l'origine

« […] d'une société fondée sur les ordres, l'esclavage, le servage, la domestication de la femme. La recherche individuelle du salut et le mysticisme sont étrangers à l'islamisme primitif. Richesse, pouvoir, honneur sont les promesses de l'islam primitif pour le monde d'ici-bas, des processus qui s'adressent à des soldats » (Weber, (1971), p. 625 sqq).

Ce point de vue ne saurait supplanter la complexité d'une religion née pour « civiliser » un ordre social marqué par la *Jahili*a' (ignorance qui caractérise la période préislamique). Toujours est-il que si l'interprétation chrétienne de la bible pointe le travail comme une malédiction faite de souffrance[24], l'islam

[24] « Parce que vous avez écouté la voix de votre femme, et que vous avez mangé du fruit de l'arbre dont je vous ai défendu de manger, la

prône la nécessité du travail « productif ». Travailler, produire sans tricher, relève d'une observance islamique récompensée en *hassanats* (les bonnes actions comptabilisées pour accéder au paradis). Parce qu'il est *dine ouadounia* (religion d'ici-bas et de l'au-delà) l'islam a une visée globalisante de régulation de la vie en société allant des institutions (entreprise, école…), à la sphère de l'intime et de la vie privée. Un *hadith* célèbre (paroles et actes du prophète qui engagent le musulmans dans leur rapport au divin) précise que le croyant doit travailler pour son bien-être terrestre comme s'il allait devenir éternel et simultanément pour le salut céleste comme s'il allait mourir demain. Certes le pauvre doit se résigner à sa condition tout en sachant que son « salut interviendra quand Dieu le décidera », toutefois la pauvreté ne saurait tendre au « droit à la paresse » ; l'éthique islamique, à l'instar de l'éthique protestante, loue la réussite économique comme une élection divine, un signe d'Allah. L'imaginaire populaire regorge d'admiration pour celui qui entreprend, réussit et gagne en respectabilité : « Dieu a aidé untel », « Tel a bénéficié de la *rida* (bénédiction) de ses parents », « Tel autre est un protégé de Dieu ».
Une telle adulation a pour condition le respect du licite (*halal*), ce que l'exégèse religieuse admet et « sacralise ». À l'inverse, pratiquer l'usure, travailler dans un bar ou dans un abattoir de porc relève de l'illicite et du condamnable et ne saurait procurer de véritable satisfaction. L'exégèse islamique exhorte au travail productif (matériellement ou intellectuellement) tandis que l'économie spéculative est bannie comme relevant de la *ribat* (illicite). *In fine*, obéir au chef qui incarne la religion musulmane signifie également combien le *leadership* est pénétré d'islam.
Au Maroc, comme dans la plupart des sociétés à majorité islamique, le *leadership* se conjugue au

---

terre sera maudite à cause de ce que vous avez fait, et vous n'en tirerez de quoi vous nourrir pendant toute votre vie qu'avec beaucoup de travail ».

religieux. Plusieurs sociologues avancent et valident avec nuances cette hypothèse.
Philippe D'Iribarne, sociologue culturaliste, pose la question du management des entreprises dans sa relation avec les « cultures nationales ». Se proposant d'étudier les relations ambiguës entre la culture et la mondialisation, il s'applique à comprendre le fonctionnement comparé des entreprises sous l'angle du management interculturel. Il pose clairement le problème de l'adéquation entre la rationalité des entreprises et la culture nationale. D'abord paru dans un numéro de la revue *Gérer et comprendre* (1996) et repris dans un ouvrage dont il a assuré la direction (voir D'Iribarne, 1998), son article fait valoir la richesse de la culture marocaine et spécifiquement sa variante islamique et sa mobilisation dans la perspective d'une « entreprise excellente à Casablanca ». C'est le cas de l'entreprise Thomson, implantée dans cette ville. Elle a réussi à assimiler les exigences de la qualité totale TQM (*Total quality management*) en mobilisant les populations marocaines autour du référent religieux. Il avance l'hypothèse d'une « rupture culturelle », voire d'un changement de mentalité des populations marocaines qui ont si bien intégré les exigences de ce type d'organisation dans sa justification islamique[25]. Le résultat de cette mise en cohérence, entre la démarche de la qualité totale et la culture islamique, étant :
« un progrès spectaculaire des résultats techniques de l'usine, comparés à ceux des usines-sœurs situées dans d'autres pays et, en particulier, en Asie du sud-est ».

[25] Un témoignage particulièrement significatif d'un opérateur est rapporté par l'auteur : « Une personne musulmane ne doit pas mentir, on n'est pas obligé de lui montrer le *TQM* : […] : elle dit toujours la vérité, aide l'autre à réussir, le respecte. Dans la culture musulmane, les gens, on leur a fait la formation sur le *TQM*, ils ont retrouvé ce qu'ils ont dans leur culture » (D'Iribarne, 1996, p.26). Le terme « culture musulmane » pose problème, que signifie-t-il ? Y-a-t-il une ou des cultures dérivées de cette religion, la clarification conceptuelle fait défaut à cette réflexion.

Après *La logique de l'honneur*[26] *(*D'Iribarne, 1989), cet auteur remet à la mode la nécessité pour les entreprises de se fonder, pour leur bon fonctionnement, sur des valeurs et normes consacrées à l'échelle d'un pays. Il souligne, à juste titre, la prévalence de la religion musulmane en contexte marocain en s'appuyant pour cela sur le courant de l'anthropologie interprétative impulsé par Clifford Geertz et dont un des terrains de prédilection reste précisément le Maroc (Geertz, 1979 et 1992). D'Iribarne se propose de comparer les méthodes de gestion nationale en avançant ainsi l'hypothèse de l'existence d'une culture nationale propre à chaque pays. Ce postulat est à notre sens trop large et réserve une place minimale voire insignifiante aux « cultures locales » qui peuvent coexister au sein de cet ensemble large. Le concept même de culture est à déconstruire : s'agit-il d'un code, d'un vécu, d'une construction « bricolée » selon les contextes de l'interaction, ou tout simplement d'un mythe mobilisateur ?

Une société qui s'ouvre à la mondialisation « par effraction » pouvant libérer l'espace à une génération de *leaders* « technocrates »

« Bien que le prolétariat occidental ait pris connaissance de lui-même dans un effort de lutte contre ses maîtres, la naissance de sa personnalité collective est un des événements de l'histoire nationale de chaque pays d'Occident. Ici, au contraire, les immigrants qui peuplent la banlieue des cités du Maroc ont à choisir, à leur arrivée entre deux formes d'existence, deux systèmes sociaux économiques différents et par bien des côtés inconciliables, dont aucun ne les satisfait. Ils ont

[26] Il avance que la logique de l'honneur et le poids des coutumes caractérisent la culture française, la morale et la culture du contrat celle des États-Unis, et la culture du consensus serait le trait principal du modèle Hollandais. Selon lui, toutes ces cultures sont des construits historiques et sont enracinées de ce fait dans l'imaginaire collectif des pays concernés.

vécu pendant de longs siècles dans des communautés fermées et isolées, à l'écart des États musulmans comme à l'abri de la puissance, et voici qu'ils tombent sous la double dépendance qu'ils avaient évitée jusqu'alors : celle de la ville islamique et celle de l'économie moderne »,

écrivait R. Montagne (1954, p. 18) à propos de la naissance du prolétariat marocain. Il faisait alors référence au prolétariat masculin.

Le Maroc ne reste pas indéfiniment « prisonnier » du paradigme de la toute-puissance néo-patrimoniale et d'un *leadership* marqué du sceau de la religiosité. De même, les « salariés » marocains ne resteront pas les mêmes à se reproduire à l'identique et à entretenir les mêmes rapports au travail.

Prévenant qu'« il est assez éprouvant de chercher à traquer l'existence ou du moins la reconnaissance de *leaders* dans une société qui se débat pour sortir de l'autoritarisme » (*Economia*, n°18, 2014) un récent dossier intitulé « Les multiples facettes du *leadership* » se penche sur cette question dans le contexte marocain. Et la livraison de s'interroger : « À quoi reconnaît-on un *leader* dans nos organisations ? » en ciblant un nombre important d'entreprises de plusieurs secteurs d'activité. Elle montre une hybridité dans le domaine du *leadership* au Maroc que l'on peut résumer comme suit :

1/ Les collaborateurs dans les entreprises enquêtées répondent majoritairement que c'est l'aîné de la famille à qui est reconnue la légitimité du *leader*. On rencontre ici le principe de primogéniture que j'ai déjà relevé dans mes recherches sur les entreprises familiales dans le Sud marocain (2015).

2/ Le *leadership* féminin s'impose, non pas par ses caractéristiques intrinsèques, mais par sa compétence et la formation efficiente au management, formation certifiée par les grandes écoles.

3/ À la question « « Quel portrait dressez-vous d'un *leader* idéal ? », *les managers* répondent : le fait de (1) d'encourager le travail d'équipe, (2) d'être respectueux de ses collaborateurs, (3) d'être compétent dans son travail et (4) de pratiquer un management participatif.

À la même question, *les collaborateurs* insistent sur les traits suivants : (1) encourager le travail d'équipe, (2) pratiquer un management participatif (3) avoir le sens de l'écoute, (4) être compétent dans son travail, (5) être respectueux de ses collaborateurs et (6) être bon communicateur.

Aujourd'hui, avec l'internationalisation de l'économie, l'émergence d'une société civile et la circulation des idées et des contre-idées, le prolétariat marocain, composé d'hommes et de femmes, aura-t-il les moyens de s'organiser et d'influer sur le cours des choses ? Cette interrogation appelle des études empiriques approfondies sur la nature du *leadership* adaptée à cette perspective. Du fait de l'implantation massive d'une économie de transformation, les groupes les plus traditionnels, parmi lesquels figurent en majorité les femmes, seraient désarticulés et modifiés. Mais le Maroc en est au stade le plus délicat, mais aussi le plus indécis. L'hypothèse de la société clivée et composite encore attachée à ses traditions séculaires ne peut pas indéfiniment servir de guide d'approche de la société marocaine. L'approfondissement du fait urbain, initié par le protectorat, poursuivi au cours de l'indépendance, est aujourd'hui annonciateur d'un modèle de société ambivalent.

Le premier est celui d'une désagrégation sociale accentuant encore les disparités régionales et ravivant une méfiance vis-à-vis d'un changement « sans visage ». Ce modèle aurait les caractéristiques d'une « culture défensive » s'attachant à ce qui est disponible et rejetant ce qui est innovant.

Le second est plus le résultat d'un projet politique global dans lequel les entreprises, toutes les entreprises de quelque nationalité qu'elles soient, s'érigeront en relais fidèle. Pour les femmes marocaines, le projet de la réforme du Code du statut personnel et la scolarisation des filles dans les milieux ruraux est sans nul doute un signe fort de la consolidation du processus de leur

émancipation. Si les entreprises mettent en place une politique véritablement favorable aux femmes (en termes de salaires et de protection sociale), ce modèle de société serait prometteur.
L'un des lieux communs de l'idéologie patronale en contexte marocain consiste dans les tentatives de domestication du référent islamique à des fins de contrôle de la main-d'œuvre locale. Cette hypothèse nous a semblé d'un intérêt majeur tant la religion constitue une ressource disponible et « bon marché ». Elle mérite une plus ample exploration dans d'autres entreprises. Notons que les directions des entreprises auprès desquelles j'ai enquêté se montrent prudentes quand il s'agit d'aborder la religion musulmane et ont, à des degrés divers, fait appel aux ressources islamiques dans le mode de fonctionnement de leur entreprise.

Chap. 9 État et entrepreneurs étrangers : une relation enchantée ?

L'État développe à l'endroit des entrepreneurs étrangers un discours orienté vers la légitimation de l'*Infitah (ouverture)* du Maroc vis-à-vis de l'Europe en tant qu'espace économique unifié. Il use de même d'une rhétorique conséquente pour faire valoir son attractivité. Ce sont essentiellement les politologues qui ont fait usage de cette notion pour décrire les opportunités de démocratisation dans le monde arabo-musulman (Waterbury, 1994). Au Maroc, la conceptualisation de l'*Infitah* comme stratégie d'ouverture est imposée d'en haut vers le milieu des années 1980 à la suite des recommandations de la Banque mondiale. Le Maroc est alors invité à ouvrir davantage son économie en élaborant un code d'investissement favorable aux investisseurs privés (nationaux ou étrangers)[27]. Dans le contexte maghrébin, l'*Infitah* cible trois priorités à savoir la privatisation progressive du secteur public, la mise en place des districts industriels voués à l'export avec la mise au travail d'une main-d'œuvre locale, encadrée et disciplinée, la restriction des subventions aux produits de première nécessité (farine, riz, légumes, huile, sucre). Mais l'*Infitah* est aussi enveloppé dans une rhétorique qui renseigne non seulement sur l'importance du référent méditerranéen et la mobilisation d'autres arguments pour attester de l'attractivité et de la marche du Maroc vers le « progrès ». Toutes conditions requises sinon pour devenir un membre à part entière au sein de l'Europe en construction, du moins pour développer un partenariat privilégié avec l'Union européenne.

[27] Selon Abdelbaki Hermassi, « le code des investissements de 1983 a allégé le poids de la marocanisation dans les secteurs économiques stratégiques », (voir « Changement socio-économique et implications politiques : le Maghreb » (*in* Salamé, 1994).

L'État ou la consécration discursive des entrepreneurs européens

Naguère, on entrevoyait les prémisses de la « singaporisation » du Maroc, c'est-à-dire comme un véritable dragon de l'Afrique. La singaporisation, terme dénotant une spécificité géographique, est employée ici dans le sens de la prévalence d'une forme d'économie de transformation et de l'importance de la coopération économique à l'international. C'est à Clifford Geertz (1977) que nous devons cette conceptualisation qu'il a utilisée pour caractériser l'un des modes de la légitimité des nations. Plus spécifiquement, il renvoie à une mode de gouvernance en termes de réussite économique : un État se légitime en fonction du bien-être qu'il prodigue à ses gouvernés. Geertz considère Singapour comme une illustration de ce mode de légitimation.

Le comportement que l'État s'approprie dans ses textes et ses discours se déploie autour de plusieurs ambitions dictées par le souci constant de la vocation européenne du Maroc et notamment depuis les projets d'association euro-méditerranéens. Trois volets interdépendants constituent la trame de cette association :

- La « mise à niveau » de l'économie nationale (assainissement et transparence)
- La réforme de l'État et la mise en place d'institutions politiques démocratiques
- Le maintien d'un équilibre socio-économique garant de la stabilité sociale, avec l'approfondissement des échanges entre sociétés civiles des deux rives en faveur de la démocratie et des droits de l'Homme.

Bon élève et disciple fidèle, le Maroc répond favorablement au système de notation et au barème des valeurs qui lui sont imposés. Le certificat de bonne conduite lui est discerné pour s'être engagé dans le processus de l'économie libérale, pour s'être conformé à la philosophie libre-échangiste et pour avoir « sacralisé » le droit, la loi et les vertus de l'excellence et de la rentabilité, au moins par le biais de déclarations d'intention : l'adhésion à la filiale de la Banque mondiale à savoir l'Agence multilatérale pour la garantie des Investissements (AMGI) en 1992, l'accueil de la cérémonie fondatrice de l'OMC en 1994 à Marrakech, la signature d'un accord de libre-échange avec l'Union européenne en 1996 et la levée des protections douanières programmée pour 2012 en sont les exemples les plus notoires.

Chacune des parties (État marocain et UE) use de l'incontournable référence au partenariat. L'État marocain perçoit le partenariat comme une opportunité de plus pour asseoir définitivement sa légitimité dans le processus de la mondialisation libérale et assurer le développement socio-économique national. De son côté, l'Union européenne fait valoir l'intérêt économique du pays et la possibilité d'atténuer les flux migratoires vers l'Europe par la mise au travail des Marocains dans leur pays.

Les Investissements directs étrangers (IDE) ne reposent pas sur l'alternative du hasard ou de la nécessité. Ils sont le résultat d'une convergence économique complexe, d'un paramètre essentiel d'une croyance forte : l'effet du global sur le local et l'aspiration du Maroc à intégrer l'Union européenne. L'économie-monde, pour reprendre I. Wallerstein, serait devenu la règle, l'*alpha* et l'*omega*, voire la référence obligée de toute économie désireuse de ne pas mourir dans une sorte d'isolationnisme « suranné ». Cette économie-monde structure les rapports Nord-Sud sur la base de l'intégration et l'arrimage des économies du Sud à celles du Nord comme le note Jean-Robert Henry :

« Si l'Etat moderne reste l'acteur collectif d'une société et la résultante de ses contradictions, il devient de plus en plus le relais d'intégration de cette société au système mondial, le serviteur et le diffuseur de la modernité, légitimé en retour par la mission de développement à accomplir… » (Henry, 1990, p. 34).

L’État en tant que « facilitateur » économique

Si l’on peut avancer que le Maroc vit à l'heure des réformes depuis au moins la politique de *l’open door* (régime douanier favorable aux investissements étrangers), on ne peut s’empêcher de soutenir qu’elles sont souvent imposées de l'extérieur, appropriées et modelées en fonction des contraintes politiques internes. L’*Infitah* économique se déploie autour de plusieurs réalisations. D’abord, la mise en place d’une nouvelle charte d’investissement favorable aux investissements étrangers. Depuis 1995, des mesures d’incitation à l’investissement étranger ont été prises. Face à la concurrence, notamment du voisin tunisien, le Maroc met en place une nouvelle charte d’investissement où l’attractivité est le maître-mot. Cette charte simplifie les procédures administratives ; consacre l’ouverture par les entreprises étrangères et leurs employés de comptes en dirhams convertibles ou en devises étrangères ; permet l’acquisition par les étrangers de parts sociales, y compris dans les entreprises publiques, de même que le rapatriement automatique des capitaux et de bénéfices et rémunérations des investissements autres que les prises de participation… Pour encourager les investissements étrangers, plusieurs mesures incitatives sont prises. Sans prétendre à l’exhaustivité, on peut citer les suivantes : exonérations fiscales et douanières, abattements des taux d’imposition et allègement du régime fiscal pour les investisseurs étrangers, élaboration d’un Code du commerce et mise en place des tribunaux de commerce sur le modèle français, régulation de la concurrence et des prix, impulsion d’une politique d’assainissement de l’économie avec le bannissement de l’informel et de l’économie de la drogue. Cette dernière mesure a été concrétisée par la campagne d’assainissement de 1996 initiée par le ministère de l’Intérieur pour lutter contre l’informel et la contrebande. La campagne d’assainissement de 1996 érige l’État en rectificateur des égarements des acteurs économiques. Lancée par le ministre de l’Intérieur en 1996, cette campagne d'assainissement vise la lutte contre la contrebande, la corruption, l'informel et plus largement « les pratiques illicites qui polluent la bonne marche de l'économie ». Cette campagne sans précédent en faveur de l'assainissement de la vie publique fait partie du plan destiné à soigner l'image du Maroc vis-à-vis des investisseurs étrangers. Après de multiples interpellations notamment de la Banque mondiale sur la corruption, la contrebande et le trafic de drogue, le Maroc lance avec fracas cette campagne d'assainissement avec l'arrestation et l'emprisonnement d'une vingtaine de commerçants et la convocation chez les juges de nombreux hauts fonctionnaires des douanes :

« Nous avons répertorié 4 500 contrebandiers notoires. L'assainissement ira jusqu'au bout. Le Maroc est un État et ce ne sont pas les passeurs de savon et de *jeans* qui vont l'émouvoir. Aucune personne impliquée dans un trafic quelconque, quel que soit son rang, ne sera épargné. C'est la règle »[28].

Si tel est l'objectif affiché des autorités marocaines, le patronat, quant à lui, brandit la crainte de la fuite des investisseurs étrangers en faisant valoir l'effet psychologique de cette campagne :

« Le climat est malsain, la confiance a disparu. Des investisseurs étrangers pensent déjà quitter le pays[29] ».

Cet échange traduit la coexistence de deux logiques : une logique politique de démonstration tendant à bannir l'économie souterraine et les formes de corruption qu'elle favorise. Elle vise aussi à déposséder l'opposition d'un argument de poids dans les stratégies électorales futures. La seconde logique, défendue par le patronat, consiste à présenter la campagne d'assainissement comme la démobilisation des investisseurs étrangers. Quoi qu'il en soit « l'opportunité s'inscrit dans le long terme. Elle se

[28] Propos de Driss Basri, alors ministre de l'Intérieur du Maroc, rapporté par Benhilal M. (1996, p. 528).

[29] Abderrahim Lahjouj, président de la CGEM (confédération générale des entreprises du Maroc), rapporté par Benhilal (1996, p. 528).

résume en trois mots : GATT, Union européenne, Barcelone… » (Benhilal, 1996, p. 526).

Cette campagne est aussi le révélateur d'un malaise dans la culture politique marocaine et une reconnaissance implicite que les différents maux ne relèvent pas d'un dysfonctionnement technique appelant des réponses d'une même teneur, mais sont le fruit d'une logique structurelle d'opacité et de clientélisme. Ce qui devrait être une machine de guerre contre la corruption est d'abord la reconnaissance officielle d'un fléau généralisé :

« Un système s'est peu à peu mis en place sur un schéma pyramidal, avec au sommet les pélicans de la corruption, convaincus d'être intouchables, et à la base tous les ramasseurs de petits *bakchichs*, parasites qui gravitent autour des petits centres de décision, toujours habiles à débusquer l'agent capable de donner rapidement satisfaction » (Benhilal, 1996, p. 530), voire d'un : « […] ajustement du corps des médiateurs agréés et un recentrage politique » (Hibou, Tozy, 2000, p. 37).

Enfin, la mesure phare consiste en la création des Centres régionaux d'investissement (CRI) en 2002.

L'accession au trône du Roi Mohamed VI en juillet 1999 a donné une nouvelle allure à la politique de l'*Infitah*. Sous son autorité, plusieurs réformes sont annoncées et accomplies dont la création des CRI et la nomination d'un ministre délégué auprès du Premier ministre chargé des Affaires économiques générales et de la mise à niveau de l'économie. Conçus sur le modèle du centre de formalité des entreprises, les CRI ont pour ambition de régionaliser cette procédure et de la rendre plus souple. Ils demeurent toutefois aux attributions indéterminées puisque ne reposant que sur les directives contenues dans la lettre royale. À titre d'exemple, la controverse sur le statut et le caractère limitatif ou pas des secteurs cités dans ladite lettre. L'acte de naissance des CRI prétend répondre à l'exigence des investisseurs, notamment étrangers, d'un guichet unique qui réduira les délais et simplifiera les obstacles de la création d'entreprises. Sous la responsabilité du *Wali*, ces centres regroupent sous le nom de guichet unique les différents services qui permettent à l'investisseur la création d'une société toutes formalités confondues. Le guichet unique de formalité, première étape de l'investisseur, a pour but de lui fournir un seul document en 48 heures de délai. Le guichet d'assistance intervient dans la délivrance des différentes autorisations afférentes à cette procédure de création d'entreprise (autorisation de construire, visa de conformité, autorisation d'importer des machines à taux préférentiel…).

L'État en « réhabilitateur » de l'entreprise…

La flexibilisation accrue de la législation du travail consacrée par le nouveau Code du travail de 2004 aboutit à la consécration de la culture du consensus et du respect de la parole donnée dans le traitement des problèmes professionnels. C'est toute la portée de cette formule anglophone de *gentleman's agreement*. Que veut dire au juste cette nouvelle formule ? Selon feu le roi Hassan II, il s'agit de doter le Maroc d'un État de droit pour les affaires en associant le gouvernement, le patronat et les syndicats dans l'effort commun de rendre le milieu de travail apaisé et les relations professionnelles affranchies de toute velléité de grèves : « Le secteur privé se doit de son côté d'affirmer sa détermination et son volontarisme dès lors qu'il a compris que les filières du développement exigent plus que jamais, combativité, ténacité et mobilisation continue des énergies. S'il s'organise en conséquence dans tous les domaines d'activité, rénove ses techniques d'exploitation et poursuit son entente avec le monde du travail, il pourra envisager l'avenir avec confiance. C'est à ces conditions que *l'entreprise citoyenne* pourra devenir le fer de lance dans la bataille pour la croissance économique, le développement de l'emploi et la réduction des disparités sociales et régionales. C'est à ces conditions aussi qu'elle pourra répondre aux espoirs de l'économie marocaine, d'intégrer le marché mondial et d'être prête, le moment venu, à assumer efficacement l'instauration de la zone de libre-échange avec l'Union européenne[30] ».

Étendard d'un faisceau de mesures allant dans le sens de la libéralisation de l'économie marocaine, l'attractivité cible d'abord les grands groupes et les investissements d'envergure. On peut apprécier cette stratégie de l'*Infitah* en nous intéressant aux flux d'investissements étrangers. À cet égard, la France surclasse ses concurrents en occupant structurellement, comme l'attestent toutes les données de l'Office des changes, la première place des investissements étrangers au Maroc.

L'argument de la « méditerranéité » du Maroc au service de l'entrepreneur européen

Parmi les arguments les plus mobilisés pour attester de la communauté des valeurs, le référent méditerranéen occupe un bon rang.

Le recours à l'argument méditerranéen permet de faire du bassin méditerranéen un lieu de dialogue, une finalité historique et une communauté de destin, berceau de civilisation et de partenariat, enrichie par l'émigration-immigration et l'intensité des croisements.
Il est aussi un impératif politique destiné à contenir des poussées islamistes et à conjurer la perspective du « choc de civilisations ». Ces arguments sont brossés à grands traits dans la littérature officielle européenne :
« La relation privilégiée avec les voisins s'appuiera sur un engagement réciproque en faveur de valeurs communes se situant principalement dans les domaines de l'État de droit, de la bonne gouvernance, du respect des droits de l'Homme, notamment des droits des minorités, de la promotion des relations de bon voisinage et des principes de l'économie de marché et du développement durable. Des engagements de la part

[30] Hassan II, « Discours du trône », *Le matin du Sahara*, édition du 4 mars 1997.

des pays partenaires sont également demandés en ce qui concerne certains aspects essentiels de l'action extérieure de l'UE, en particulier la lutte contre le terrorisme et la prolifération des armes de destruction massive, ainsi que le respect du droit international et des efforts dans le domaine de la résolution des conflits[31] ».

Si l'autre rive de la Méditerranée constitue à la fois un défi économique, social, démographique et écologique, force est de constater que la capitalisation des ressources (qu'elles soient construites pour corroborer l'action et le partenariat, ou conformes à une réalité enfouie dans une histoire commune) ne peut être efficiente que par la sensibilisation des entrepreneurs potentiels à la culture marocaine. De ce point de vue, la formation dans les grandes écoles et dans les universités au management interculturel avec des équipes d'enseignant-chercheurs qualifiés constitue sans doute une plus-value pour une implantation réussie des entreprises internationales au Maroc. Parce que les pays maghrébins (et le constat vaut particulièrement pour l'Algérie) sont traversés par une actualité politique qui accréditerait la thèse du choc des civilisations (montée de l'islamisme radical, déficit de légitimité politique, vulnérabilité du lien social, corruption des systèmes économiques nationaux…), l'argument méditerranéen peut se révéler efficient pour « corriger » ces failles politiques par le biais de l'impulsion économique. À cet égard, le regretté Rémy Leveau (2000, p.38) note :

[31] *Politique européenne de voisinage. Document d'orientation*, Commission des Communautés européennes, Bruxelles, le 12.5.2004, COM (2004) 373 final, p. 3.

« La stabilité interne de la région est liée à son développement économique.
L'interpénétration des "domaines" économique, politique et sociaux est renforcé par l'existence des relations humaines transméditerranéennes (par le biais des migrations et des échanges économiques, culturels et sociaux) ».
Pour le Maroc, il s'agit de présenter une autre vision de l'islam, partie intégrante de la personnalité méditerranéenne et levier du dialogue constructif entre les cultures. Ce penchant de la modération dans un environnement régional en tension est de nature à présenter la rive sud comme apte à enrichir la mondialisation et non à la combattre :

« La globalisation des marchés est certes le premier des défis pour un univers plural tel que le monde méditerranéen. Cet univers a fondé ses liens internes sur ses différences, sur sa diversité, sur son pluralisme culturel. Or l'islam est une composante de la Méditerranée. Il est concerné au premier chef par cette région, par ses cultures et par leur avenir » (Hassan II, 2000, p. 247)
On l'aura compris : l'orientation générale tend vers l'intégration de l'économie marocaine dans une dynamique méditerranéenne plus large. Il est important de souligner que les secteurs les plus sensibles à cet appel et à ces discours sont ceux qui demandent un fort coefficient de main-d'œuvre non qualifiée et disposent des cadres formés à superviser son travail. La nature même de ces secteurs d'activité, le modèle de développement qui lui est consécutif s'insérant dans le vieux schéma ricardien de la division internationale du travail, confine le Maroc à une position géographiquement bien située et économiquement attractive. À cet égard, l'État marocain est doublement bénéficiaire de l'accueil des investisseurs européens. Premièrement et symboliquement, il s'agit d'afficher le credo de l'ouverture vis-à-vis de l'Europe, et donc de faire foi de sa disponibilité à jouer la carte du partenariat

économique, voire à fonder l'ouverture sur l'affirmation de sa vocation méditerranéenne et européenne. Secondement, la prise en charge par les entreprises françaises d'une partie de la population vouée à l'inactivité pourrait avoir quelque chose de salvateur.

Nonobstant les mesures prises et les credo proclamés, force est de relever qu'empiriquement un clivage persiste dans le traitement des entrepreneurs étrangers à l'aune du volume et de l'importance de l'investissement. Les investissements d'envergure sont choyés et sont directement pris en charge par les décideurs politiques. Les investisseurs sont alors dispensés des démarches administratives souvent faites d'opacité et de lenteurs. En revanche, les « petits » investisseurs, malgré leur « capital social », se mettent directement en contact avec les administrations (Labari, 2007a). Si l'enjeu des réformes entreprises par l'État à l'endroit des entrepreneurs internationaux est d'aligner l'économie et le marché du travail marocains sur le modèle européen, la rigidité de l'administration, la difficile traduction des législations constituent un frein à la mise en place des réformes tant proclamées. Tout se passe comme si le choix du libéralisme imposé par le haut n'était contesté ni par la classe politique ni par la base sociale. On y discerne la primauté du symbolique et une stratégie d'attraction du capital européen. Pour que cette stratégie soit concluante, elle doit couvrir tous les secteurs d'activité, mais force est de remarquer que l'attractivité est d'abord exercée sur les secteurs de transformation dans le cadre de la division internationale du travail.

Venons-en à présent aux représentations de l'entreprise chez les salariés marocains.

Chap. 10 L'entreprise délocalisée : enchantements et désenchantements des travailleurs

Depuis quelques années, sociologues, économistes, gestionnaires et autres spécialistes des sciences sociales redécouvrent les vertus heuristiques du « local » et l'érigent en un cadre d'étude intéressant. Le vocabulaire donne parfois le ton de la résurgence du local dans les sciences sociales. Il en est ainsi de la notion de « dé-localisation » forgée dans le sillage de la « mondialisation économique ». Dé-localiser/re-localiser telle ou telle activité industrielle ne sont que des variantes de ce processus d'ensemble qui affecte nos sociétés contemporaines. Nombreux sont en effet les travaux qui portent sur l'entreprise et ses métamorphoses au contact de son environnement local[32]. Le questionnement engage à caractériser la nature et le contenu de l'interaction entre l'entreprise et la cité.

Cette section repose sur une étude empirique dans une entreprise française délocalisée à Casablanca. Les résultats sont recueillis soit par observations directes, soit par entretiens soutenus d'un questionnaire. L'enquête sociologique a visé toutes les catégories du personnel autour de la perception de l'entreprise et des expériences de travail. Au travers de ces expériences (individuelles et collectives) se mettent en scène les interactions entre les impératifs du management et la culture des travailleurs. Nous utilisons le concept de culture dans son acception anthropologique en tant que : « [...] modèle de significations incarnées dans des symboles qui sont transmis à travers l'histoire, un système de conceptions héritées qui s'expriment

[32] Signalons trois ouvrages : Bollinger D. et Hofstede G., *Les différences culturelles dans le management* (1987), Chevrier S., *Le management des équipes interculturelles* (2000) et Francfort *et al.*, (*Les mondes sociaux de l'entreprise* (1995).

symboliquement, et au moyen desquelles les hommes communiquent, perpétuent et développent leur connaissance de la vie et leurs attitudes devant elle » (Geertz, 1973, p. 21).

Nous faisons l'hypothèse que le milieu du travail n'échappe pas à la prévalence de la culture du grand nombre et que, non seulement elle rythme le procès de travail, mais pousse la direction à la prendre en compte à des fins de mobilisation de la main-d'œuvre dans le sens de la productivité maximum. De ce point de vue, l'entreprise est un indicateur intéressant du contact des cultures car, comme l'évoquait Bourdieu (1963) :

« Le travail est le lieu par excellence du conflit entre les impératifs de la rationalisation et les traditions culturelles ».

Une délocalisation industrielle s'adapterait aux « cultures locales » en élaborant sa stratégie et sa politique à partir des normes, règles et croyances consacrées localement et faisant sens aux populations. En cela elle serait « ré-inventée localement » à la fois dans son mode de fonctionnement mais aussi dans l'image qui lui est accolée par les travailleurs marocains.

Nous tenterons de valider cette hypothèse en deux temps à savoir : premièrement ce qui caractérise l'entreprise et son patron du point de vue des travailleurs marocains avant leur entrée dans l'entreprise – il s'agit de l'image accolée à l'entreprise avant sa découverte ; deuxièmement les interactions avec l'entreprise sont l'occasion pour les travailleurs d'y faire leur place et d'y greffer leur identité.

Le mirage d'une entreprise « généreuse »

Caractéristiques de l'entreprise enquêtée

L'entreprise soumise à nos investigations est originaire du Nord de la France. Spécialisée dans la confection des costumes et gilets exportés vers l'Europe et particulièrement vers la France, elle est implantée au Maroc depuis 1986 et se compose d'un *chaouch*, d'ouvrières et surveillants d'atelier (95 ouvrières et 17

surveillants), des secrétaires et service comptable (5), du manager et ses adjoints (4).
Le monde de l'entreprise comporte plusieurs « entités » différentes mais interdépendantes.

L'homme-orchestre

Agé d'une soixantaine d'années, le patron français est l'homme-orchestre qui, par sa présence, incarne l'entreprise, symbolise sa culture et représente « l'interlocuteur "institutionnel" des « autorités locales ». Il se définit comme l'offreur de travail. Son travail consiste essentiellement à veiller au bon fonctionnement de l'entreprise. Seuls ses adjoints marocains assurent le travail de terrain en tant qu'interlocuteurs des travailleurs locaux. Arrivé au Maroc en 1985, il est marié à une marocaine et père d'un enfant mais n'a appris ni l'arabe ni le berbère. C'est ainsi qu'il est appelé le *roumi* c'est-à-dire un chrétien qui se convertit à l'islam[33].

Le monde de l'atelier

Le secteur de l'habillement emploie une main-d'œuvre fidèle, traditionnellement féminine, les femmes étant perçues comme travailleuses, sérieuses et obéissantes. Ce sont en majorité des filles célibataires (36 % des ouvrières d'atelier), près de la moitié a moins de 24 ans. La division sexuelle du travail est ici d'un grand intérêt et renseigne sur la nature des rapports homme /femme dans la société marocaine. Les surveillants hommes interviennent en cas de différends entre ouvrières, assurent la correspondance entre les services en transportant le tissu et les marchandises du département de la coupe à celui du montage. Ils ne se distinguent guère des ouvrières d'atelier qu'ils surveillent : capital culturel presque équivalent et origine rurale.

[33] Selon la loi marocaine, un chrétien désirant épouser une musulmane doit préalablement se convertir à l'islam.

Le monde des bureaux

Les secrétaires et agents administratifs articulent un français mêlé d'arabe et se présentent comme une communauté à part par rapport au monde de l'atelier *sale et sans qualité*. Les secrétaires s'expriment en français, la langue du milieu d'affaires marocain. Considérées comme les plus émancipées et « occidentalisées », elles récoltent aussi la désapprobation des pans les plus conservateurs de la société locale. Elles représentent ainsi par leur travail (accueil, contact téléphonique) et leur tenue vestimentaire (chemise et pantalon), une vitrine corrompant le statut de la femme en terre d'islam.

L'interface des deux cultures

Les cadres marocains occupent les fonctions de directeurs du personnel, de comptable et les différentes responsabilités de commandement dans l'entreprise. Le cadre marocain est l'élément le plus perméable au style de vie « européen ». Son aisance à s'exprimer aussi bien en arabe qu'en français fait de lui l'interlocuteur privilégié du patron français et des différentes catégories du personnel.

Perception du patron français par les travailleurs locaux

Pour comprendre la perception de l'entreprise par les populations locales, nous avons considéré deux cohortes d'individus. La première coïncide avec l'ouverture de l'entreprise dans le quartier industriel de Casablanca, soit la cohorte de 1987. La seconde est celle de 1993, l'année qui a vu le plus d'embauches dans l'entreprise. Le *chaouch*, les secrétaires, agents comptables et les adjoints du patron français étaient toujours en place en 1993. Seuls les ouvrières et surveillants d'atelier ont connu un *turn over* relatif. Nous avons soumis un questionnaire à 67 travailleurs de la cohorte 1987, 39 pour celle de 1993.

1987 a été l'année où le Maroc subissait le PAS (Programme d'ajustement structurel) qui n'était pas sans incidences sur les conditions de travail. C'est aussi l'année pendant laquelle la première vague des délocalisations a afflué vers Casablanca. Dans ce contexte, les travailleurs considèrent les entreprises françaises comme une chance pour améliorer leurs conditions d'existence et réaliser divers projets individuels.

À la question « comment percevez-vous le patron français[34]? » les réponses frisent une certaine idéalisation.

	Cohorte1 987	Cohorte 1993
Juste	61	27
Respectueux du droit du travail	59	23
Philanthrope	41	11
Favorable à la condition des femmes	38	10
Un patron comme les autres	9	13

D'une perception « idéalisante »...

On est ici frappé par la fréquence des réponses positives relatives au patron français, lesquelles sont sensiblement les mêmes quant aux deux cohortes. On le considère comme un virtuose épris des droits des travailleurs les plus humbles. L'image de l'homme « juste » venu d'ailleurs pour restaurer l'égalité entre travailleurs, sans être crédible dans les faits à moyen ou long terme, est un espoir pour les travailleurs. C'est un fait que l'entreprise française attire des populations marocaines et fait l'objet

[34] Plusieurs réponses possibles.

d'un culte et de fortes attentes. Le côté symbolique consiste dans la représentation que l'entreprise satisfera des projets portés par les travailleurs migrants et principalement par les jeunes filles d'origine paysanne. De leur point de vue, c'est par le travail que l'émancipation sera possible. Elles considèrent le patron français comme leur meilleur allié dans la perspective d'une affirmation plus prononcée dans une société qui demeure, par certains côtés, patriarcale.

D'une manière générale l'image de l'entreprise se confond avec celle de son patron français perçu comme un philanthrope et sa venue au Maroc comme salvatrice :
« Au début je suis considéré comme un robinet d'argent, qui me demandant de lui faire une avance sur son salaire, qui m'implorant d'aider un membre de sa famille malade, qui encore me recommandant de prendre sa nièce comme bonne… parce que court le bruit que j'en cherche une… ».
Cette image d'argentier français, amoureux du Maroc, puise son sens dans un imaginaire qui fait de l'altérité une valeur économique. La question cruciale que pose en effet la résidence de nombre de Français au Maroc est essentiellement d'ordre économique. Tout se passe comme si le patron français était enveloppé dans une sorte de fétichisme. Ce fétichisme est bien connu et maintes fois souligné par les anthropologues (Geertz, 1971) ; Gellner, 1961), les Marocains étant plus attachés à une personnalité forte, voire maraboutique dans toute structure de commandement. Ce fétichisme est d'origine religieuse : ceux que Geertz appelle les « hommes fétiches » détiennent la *baraka*, cette bénédiction divine « charitable aux malheureux ». Le patron français s'inscrit dans cette configuration, le charisme d'un commandeur est plus motivant qu'une bureaucratie froide et impersonnelle. Le directeur technique traduit les propos du patron français qui tient à recevoir personnellement les nouvelles recrues pour leur

expliquer les exigences inhérentes à leur travail et les bienfaits de l'entreprise.

... à des attentes plus réalistes

Les principales attentes formulées ont trait au salaire et au respect du droit du travail dans leur universalité : rémunération régulière, horaires de travail mieux respectés « comme pratiqués dans l'hexagone » et congés payés. Consistant à répondre aux commandes imprévues les heures complémentaires sont recherchées et payées à l'heure[35]. Le salaire est la principale motivation des travailleurs. Avoir des fiches de paie et un compte bancaire sont pour les jeunes d'origine paysanne un objectif de premier plan. Ces attentes sont largement exprimées par les travailleurs ayant une expérience de travail antérieure. La politique d'entreprise est envisagée par une majorité de femmes comme allant être plus favorable à la condition féminine. Les travailleurs justifient leur entrée dans l'entreprise par les gains, matériels et symboliques, qu'ils en tireraient. Bon nombre d'ouvrières d'atelier portent des projets comme l'accès à l'immobilier, rencontrer un conjoint ou considérer le travail dans une entreprise française comme une transition à l'émigration en France. Avoir un « chez soi » indépendant constitue pour les ouvrières la motivation essentielle d'aller travailler en ville. Le plus souvent, le projet de rencontrer le conjoint est synonyme d'une vie à deux qui rendrait moins rude la vie en milieu urbain. En considérant le travail comme un tremplin à l'émigration en France, les ouvrières les plus jeunes aspirent à disposer de fiches de paie, indispensables pour l'obtention d'un visa Schengen. Le mirage d'un tel projet les amène à envisager d'épargner un peu plus d'argent pour « acheter » le visa en montant « un dossier bidon ».

---

[35] Le salaire mensuel d'une ouvrière d'atelier est de 2 500 Dh (250 euros).

Forts de leurs expériences dans différentes entreprises (entreprises européennes), les cadres marocains sont les plus choyés par le patron français. C'est lui qui est allé les chercher avec des propositions de salaire intéressantes. On n'est plus dans le registre de l'idéalisation, mais dans celui du pragmatisme :
« L'important ce n'est pas la nationalité d'un expatrié, mais sa capacité à se mouler dans notre univers en améliorant la condition des plus humbles… C'est dans les faits que se juge un patron, fut-il français ou américain, et non dans la tête des gens ».

Les deux temps de l'expérience de l'entreprise

L'expérience de l'entreprise obéit à deux temps. Le premier se rapporte à l'apprentissage du travail industriel. Dans le second temps intervient sa ré-invention locale, une ré-interprétation de l'entreprise conforme à la personnalité musulmane. Il s'agit pour les locaux d'y greffer leur culture et croyances en tant que stratégies collectives pour résister à la lourdeur du travail.

Les premiers pas : l'apprentissage du travail industriel

« Quand j'ai vu pour la première fois le lieu, j'ai l'impression que c'est le Maroc, son architecture, ses escaliers… j'ai alors pensé que l'intérieur, ce sera autre chose que le désordre, et j'ai découvert une immense machinerie, un désordre organisé » (une ouvrière d'atelier).

Du bled *à l'entreprise*

Le groupe des ruraux découvre pour la première fois la ville de Casablanca et l'entreprise française (77 %). La nécessité économique est à l'origine de cette émigration lointaine, la mobilité géographique est en effet certaine car la plupart des ouvrières arrive des régions périphériques à la ville de Casablanca, synonyme de l'Occident marocain[36]. Cette première découverte est assurément une expérience originale dans la mesure où il faut désormais se défaire des habitudes liées au travail agricole familial et assimiler de nouveaux horaires de travail et apprendre la responsabilité au poste.

D'une entreprise marocaine à une entreprise française

Le deuxième groupe concerne les travailleurs ayant choisi l'entreprise française après avoir travaillé dans une autre entreprise. C'est le cas de 23 % des ouvrières d'atelier ayant déjà travaillé dans une entreprise marocaine et de 55 % des surveillants d'atelier. C'est pour changer au mieux sa situation que le travailleur marocain déclare sa préférence pour l'entreprise française. Échapper au contexte général de flexibilité en espérant retrouver une organisation de travail moins hostile. Les entreprises marocaines, offrant du travail au plus grand nombre, sont caractérisées par leur petite taille. Excédant rarement 40 travailleurs sans protection sociale ni contrat de travail, ces entreprises sont en général des affaires familiales marquées par une culture « autoritaire ». Dans les deux cas, si l'entreprise française impressionne par sa taille plongeant les ouvriers dans l'anonymat, le principe de l'extraterritorialité, tant désiré, n'est pas de mise. La façade est bien marocaine, l'intérieur étant qualifié, comme dans le témoignage mis en exergue, de « désordre organisé ». L'apprentissage de la vie d'atelier rappelle l'expérience de Mouloud décrite par R. Linhart (1978) : intensité du travail, sommeil perturbé…

Cette lourdeur du travail suscite des stratégies de résistance mettant en scène l'identité des travailleurs.

---

[36] Cf. notre article « La partance féminine vers l'Occident marocain. L'attractivité ambivalente d'une ville-monde. Le cas de Casablanca », 2006.

Les stratégies de résistance à la lourdeur du travail

L'identité qui prévaut dans l'atelier est ambivalente : il s'agit de la rigueur au travail et le respect des traditions religieuses. La rigueur au travail[37] permet de corriger l'image courante du travail mal fait – de « travail d'arabe » (Labari, 2002b) – et appréhender l'entreprise non comme une caserne mais comme une école (Labari, 2004). Le respect des traditions religieuses consiste à bénéficier d'une salle de prière dans l'enceinte de l'atelier et s'astreindre à ce dogme religieux en respect des horaires stricts des prières :

« Aux heures appropriées j'accours à acquitter de mes obligations religieuses... Cette compréhension de la part du *Gaouri* (le Français) fait que nous aussi quand il y a beaucoup de travail, on diffère les prières ».

Tout se passe comme si l'islam était un marqueur d'identité inaliénable en situation de travail. Ainsi le port du *Hijab* pendant le travail est l'une des manifestations les plus visibles dans l'atelier. Il va sans dire que l'effet de contamination et la dynamique des groupes concourent à rendre exemplaire ce comportement vestimentaire et à invoquer la compatibilité de cette tenue avec la rigueur au travail. L'absence de syndicat et la centralité du travail quel que soit son contenu dans un environnement où le vide juridique sur le droit des ouvriers fait cruellement défaut[38] les acculent à des résistances « ravalées » (Clot, 1995). Les résistances à la lourdeur du travail sont puisées dans le répertoire culturel local à savoir la solidarité, la proximité-loyauté, amitié, convivialité, esprit communautaire, fraternité, coopération, aide mutuelle et travail collectif[39]. *A contrario,* la représentation de l'entreprise comme une famille

---

[37] Cette rigueur est reconnaissable à un très faible taux d'absentéisme au travail qui ne dépasse guère 3 %.

[38] Le Maroc ne dispose pas d'un code de travail. Seuls les *dahirs* (décrets) *chérifiens* (royaux) en tiennent lieu.

[39] Zaoual assimile ces stratégies à des armes contre l'adversité du système rationnel d'organisation économique, voir Panhuys et Zaoual, 2000.

s'apparente à une idéologie managériale de mobilisation et d'intéressement sachant que dans l'atelier il n'est pas rare de trouver les membres d'une même famille. Cette idéologie managériale peut aussi buter sur des conflits au travail[40].

Des techniques de management inspirées de la culture islamique

Confrontée à la question du traitement de la différence culturelle, le patron s'aligne tout simplement sur les ressources de la culture musulmane. Bien des credos sont affichés en gros caractères en arabe et en français dans les différents coins de l'atelier pour encourager les ouvrières d'atelier à s'impliquer davantage dans la communication avec leurs supérieurs et à consolider l'efficacité du groupe. À titre d'exemple, à chaque problème de communication, le directeur technique traduit le contenu de tels credos. Les traducteurs hommes jouent les professeurs en s'arrêtant à chaque fois sur ces slogans à contenu religieux.

« Travailler fait partie intégrante de la foi » ;

« Dieu a chassé Adam et Eve pour gagner leur vie à la sueur de leur front » ;

« Celui qui travaille pour être utile aux autres, sa place est réservée au paradis »

sont quelques-uns de ces slogans religieux. On comprend à travers ces slogans combien l'entreprise met à contribution les préceptes de la religion musulmane. D'Iribarne (1996) a mis en évidence le recours aux préceptes religieux dans la mise en place de TQM. La prise en compte du facteur religieux est reconnaissable à l'application des horaires de travail spéciaux pendant le mois du Ramadan (9-13 heures). Horaires en vigueur dans la Fonction publique marocaine. Ainsi assistons-nous à l'application ambivalente de la « culture musulmane » dans le mode de fonctionnement de l'entreprise à savoir la mise à contribution du référent

[40] Il s'agit souvent des conflits avec les surveillants d'atelier.

islamique en vue de mobiliser les populations pour la rentabilité de l'entreprise.
L'entreprise pratique l'intéressement des ouvrières par l'octroi de plusieurs primes de distinction pour encourager la concurrence et récompenser les comportements les plus méritants. Ainsi l'assiduité, l'irréprochabilité dans l'exécution du travail, le respect de la hiérarchie sont autant de vertus professionnelles valorisées par la direction. En lieu et place de primes, l'entreprise offre 50 % du prix du mouton pour la fête de l'*Aïd El Kebir* aux ouvrières mariées et seulement 25 % aux célibataires[41]. Tout se passe comme si l'entreprise française misait sur les préceptes religieux pour satisfaire aux exigences capitalistes, la religion étant un facteur de régulation sociale. Un sourire, une promesse, une considération, un encouragement ou un cadeau à l'occasion d'une fête religieuse sont les modes de régulation les plus récurrents.
Le fonctionnement d'une entreprise délocalisée repose, on l'aura compris, sur des règles et croyances qui fondent localement la vie sociale.
Ainsi, il est à noter que l'entreprise française a plus valeur de détonateur où émergent des attentes pour l'amélioration des conditions de vie et d'existence des travailleurs. Sa découverte et son expérience débouchent immanquablement sur une sorte de désenchantement que la culture musulmane a tendance à atténuer. Cette culture revêt, dans le contexte marocain, une fonction de régulation sociale.
Comment améliorer la situation du plus grand nombre en termes simplement de satisfaction des droits élémentaires au travail ? Ce sont là les attentes les plus souvent exprimées par les travailleurs. La résurgence des mouvements féminins et d'une société civile soucieuse de pallier l'absence des syndicats est de bon augure. Mais les entreprises délocalisées, en raison de

[41] Seuls les ménages ont l'obligation de sacrifier un mouton. Les célibataires sont dispensées de ce rituel, les 25 % sont une offrande à leurs familles.

leurs spécificités, traquent les avantages comparatifs les plus favorables. Elles ne se soucient guère du développement ni de la réalité locale.

adaptés [illegible] les usages [illegible]
plus favorable [illegible] elles ne se sont [illegible]
de le [illegible] de la police locale.

Chap. 11 Les entreprises familiales marocaines : enquêter, analyser, comprendre

Leclerc, Ford, Michelin, Banque Lazard, Citroën, Bouygues, Lagardère, Dassault, Hermès, L'Oréal, Michelin, Publicis, Danone, les Galeries Lafayette... Ces groupes, personnifiés quoi qu'aujourd'hui dilués, relèvent originellement d'entreprises familiales, voire d'empires économiques ayant façonné l'économie internationale. On lit ici et là, dans des journaux économiques bien inspirés (*Les Echos* et *Le Monde* en particulier), que les entreprises familiales résistent mieux à la crise actuelle. Mais que connaît-on vraiment de ces entreprises ? Rien, semble-t-il, de concret en dehors du convenu et du banal.
Les entreprises familiales au Maroc sont légion. Leur « résistance » à la concurrence internationale et aux changements sociaux questionne. La presse nationale en a fait écho dernièrement, vantant les fortunes berbères, la singularité sociétale d'une région dynamique, la persévérance de ces entrepreneurs soussis « traditionalistes » plus à l'aise dans les *self-made-men* que véritablement encastrés dans le sérail économico-politique. Les études conservatrices de type « segmentaire » les opposent aux familles fassies (originaires de la ville de Fès) qui, elles, seraient dans les affaires économico-politiques comme un poisson dans l'eau. Ce clivage structurant a fait, depuis la fameuse thèse de J. Waterbury (1975) l'*alpha* et l'*omega* des études sur l'élite marocaine. Il est aujourd'hui suranné de limiter l'approche à cette bipolarisation et la nécessité des études empiriques devient pressante. Pourquoi donc s'intéresser aux entreprises familiales dans la région du Souss ? Il faut d'abord convenir que cette région est historiquement un vivier significatif de ces entreprises familiales cultivant la discrétion jusqu'à s'ériger en « insondables énigmes ». Elle est aussi réputée pour une forme entrepreneuriale spécifique,

basée sur l'existence de modèles productifs locaux et marquée par la double influence d'une culture traditionnelle et de structures communautaires, couvrant de surcroît plusieurs secteurs d'activité comme le transport, l'immobilier, l'agro-alimentaire ou encore le tourisme et la pêche maritime. Les familles les plus connues sont les *Akhnnouch,* les Aït *Agouzzal,* les *Aït Oubâakil,* les *Boufettas,* les *Amhal* et les Tissir pour ne citer que les plus célébrées par les médias. Demeurent cependant les plus discrètes, les méconnues et néanmoins les plus influentes et qui ne se sont jamais défaites de leur originalité soussie. Quand on évoque le transport, la palme revient aux *Aït M'zal* ; pour Coca cola et l'huile d'olive « *Souss* », le mérite revient à la famille Belhassan. Quant aux *Aït Bicha*, ils ont investi essentiellement le secteur de la pétrochimie et les conserveries. Force est de constater que l'identification des dites entreprises se cantonne dans un nom magnifié et décrié tout à la fois, ce qui révèle les représentations ambivalentes de l'entrepreneur dans la société locale. À cet égard, le sens commun appréhende les figures familiales du capitalisme soussi comme des légendes qui nous sont tellement familières que nous nous dispensons de les interroger de manière critique, c'est-à-dire de les démystifier. Pour autant, nous ne faisons pas nôtre la fameuse « loi des trois générations » : la première génération bâtit, la deuxième développe et la troisième ruine l'héritage commun. Certes, cette loi s'avère heuristique dans d'autres contextes[42], mais nous n'en sommes qu'à la deuxième génération dans l'aire qui nous occupe ici. Dans le contexte d'internationalisation des stratégies économico-financières, d'externalisation des modèles entrepreneuriaux mais aussi d'extension des controverses culturalistes, la présente section entend apporter des éléments de réponse à la problématique de transmission des entreprises familiales de la région du

---

[42] Voir pour le cas lyonnais l'article éclairant de B. Angleraud, Les entreprises familiales à l'épreuve de « la loi des trois générations », Revue Temporalités, n°2, 2004.

Souss entre la génération des pionniers (fondateurs, propriétaires-dirigeants de leur entreprise) et leur descendance-progéniture (propriétaires-dirigeants) appelée à prendre la relève dans un contexte de rude concurrence. Qu'est-ce qui change et qu'est-ce qui reste dans la manière de gérer ces entreprises, d'hier à aujourd'hui, d'une génération à une autre ?

Méthodologie analytique de l'enquête

L'enquête sociologique menée a buté sur l'opacité d'étudier ces entités par entretiens « semi-directifs » éprouvés par la discipline sociologique, encore moins par questionnaires qui n'engagent que ceux qui le confectionnent. Ce qui nous a conduit à privilégier des « entretiens informels » appuyés par la tenue d'un « carnet de bord » où sont consignées paroles, anecdotes et histoires de vie de la lignée familiale des intéressés. Il est encore tôt pour offrir au lecteur un condensé finalisé de ce travail d'Hercule, mais permet tout au moins d'identifier quelques traits saillants de ce monde « mystérieux » où le regard sociologique pourrait tenir de la ruse quand il s'agit de contribuer utilement à la connaissance de nos réalités contemporaines. L'étude de terrain a visé trois des grandes familles du Souss où l'empreinte familiale est reconnaissable à la formule usuelle *Aït* – étymologiquement « relatif à », «appartenant à». Nous partions de l'hypothèse que le statut de l'entrepreneur et du prestige qui est son corollaire serait le plus désiré chez le repreneur de l'entreprise familiale, doublé d'une certaine fascination pour l'être et non pour l'avoir.

La première génération est celle du patriarche autodidacte, ayant appris sur le tas le monde de la gestion, sachant courir le risque et le contourner, tirant les ficelles de la complexité du monde des affaires, nouant des relations protectrices. Dans les entreprises enquêtées, le patriarche n'occupait pas la même position. Tantôt sa disparition a donné lieu à une succession laborieuse, générant des convoitises des amis d'hier et la jalousie du proche entourage – or, c'est cette construction de la légitimité qui mérite l'attention du chercheur. Tantôt, il s'est retiré des affaires en mettant en place une *holding*, chacun de ses enfants ayant en charge un secteur déterminé. Tantôt encore, le patriarche vieillissant, continue d'assumer ses fonctions, mais son influence cède le pas à la préparation de la succession « par *effraction* ».

La deuxième génération est celle des « quadras » plutôt initiés à l'entreprise sous le magistère du père que dans les *textes books* des instituts de gestion. Le quadra est, dans tous les cas, marié du vivant de son père, un mariage de raison, sorte de « dette morale » à son papa. Il se révèle dans la majorité des cas comme un cancre manquant désolément de capital culturel, mais le compensant par le goût de l'extravagance et du paraître. Certains pionniers ont envoyé leurs enfants poursuivre une formation diplômante dans des universités française, canadienne ou américaine. Les repreneurs se présentent comme les dépositaires de la mémoire familiale, orientant parfois le sociologue, au détour d'un échange, dans une perspective hagiographique, la nostalgie de l'éternel hier évitant le charme discret qui caractérise toute communauté humaine. Ce sont ces légendes qu'il convient précisément de démystifier.

Parmi les rapports sociaux développés au sein de ces entreprises et que nous avions déjà rencontré ailleurs[43], il faut noter la place occupée par des figures « informelles » qui interroge le travail du chercheur : la secrétaire dont le « travail réel » dépasse de beaucoup le « travail prescrit », le *chaouch* (permissionnaire et homme à tout faire dans ces entreprises), *moul chkara* (l'intermédiaire des entreprises avec les administrations) toujours partant pour se frotter aux administrations, le chauffeur-coursier et autres « sbires » dont nous avions tout intérêt à décrire le travail et à élucider la condition humaine… tout cela dans le but

[43] B. Labari, La bonne et le Chaouch : deux figures de "servitude" dans le contexte des délocalisations industrielles françaises au Maroc ? Communication au Premier Congrès de l'Association Française de Sociologie, Paris, Université de Paris XIII, février 2004.

d'aider à la compréhension du monde du travail qui, malheureusement, ne peut être appréhendé par le seul outil statistique.
Les entretiens « informels » réalisés se déploient dans une bonne trentaine de pages décousues et de parchemins comportant un immense carnet de bord. Les anecdotes, sublimes ou fugaces, les allusions à tel ou tel événement familial, local ou national, les subjectivités patronales ambivalentes (à la fois paternalistes et implacablement autoritaires) y occupent un bon rang.
Nous allons commencer par proposer une lecture cavalière de la *business history* en contexte berbère. Nous nous attacherons ensuite à interroger l'effet génération eu égard aux transmissions managériales. Nous finirons en soulevant quelques perspectives de recherche dans le domaine des entreprises familiales exhortant aux études monographiques qui font si cruellement défaut.

Une esquisse de la *business history* en contexte Soussi

Parent pauvre de l'histoire économique, la *business history* ou l'histoire des entreprises au Maroc n'a fait l'objet que de vagues tentatives[44], mais rarement de monographies solidement construites. Pourtant dans des pays comme les États-Unis ou la France[45], ce champ de recherche connaît un essor fulgurant. Il serait inconsidérément ambitieux de prétendre réparer ce manque dans le contexte marocain et il va sans dire que la difficulté de produire un savoir empirique et

---

[44] Voir à ce sujet les ouvrages de M. Kenbib, Les protégés. Contribution à l'histoire contemporaine du Maroc, publication de la faculté des lettres et des sciences sociales, 1991 et de S. Tangeaoui, Les entrepreneurs marocains : pouvoir, société, modernité, Paris, Karthala, 1995.

[45] Citons pêle-mêle D. Raff, The Teaching of Business History in the United States, Paris, Revue Entreprises et Histoire, n° 55, 2009, Y. Cassis, Big Business. The European experience in the Twentieth Century, Oxford, Oxford University Press, 1997, D. Barjot, La trace des bâtisseurs : histoire du groupe Vinci, Vinci, 2003.

monographique explique pour une bonne part le développement de véritables enquêtes minutieuses. Ce nécessaire retour à l'histoire permet d'engager les comparaisons internationales car le capitalisme familial est une catégorie universelle du développement économique. Au commencement, le familialisme, le népotisme, l'instinct tribal, sont à l'origine de l'émergence des sagas familiales dans le processus entrepreneurial. Au lendemain de l'indépendance, la nationalisation de certains secteurs stratégiques de l'économie, mais surtout la marocanisation ont conforté un certain nombre de positions économiques de type familial. Il en est autrement de quelques entreprises familiales issues de la région du Souss qui n'ont pas attendu l'indépendance pour s'affirmer et prospérer. Les *Aït M'zal*, à titre d'exemple, ont développé vers la fin du XIXe siècle le transport caravanier avec Essaouira comme plaque tournante des circuits desservis. Ils n'ont de cesse, depuis de diversifier les secteurs des PME familiales.

Si les montagnes d'Aït Baha, de Tafraout, d'Idaougnidif et autre d'Anzi (des villages de l'Anti-Atlas marocain), ont fait don si généreusement à la région du Souss de ces familles entrepreneuses, pieuses dans les premiers temps, mêlant référent islamique et affaires, il faut bien relever que c'est dans les villes de l'Occident marocain (Casablanca, Salé, Meknès) qu'ils ont fait fructifier leurs affaires. Ils ont développé commerce et transport, en commençant par le commencement, c'est-à-dire en faisant montre de cette mobilité « écologique » chère à l'école de Chicago allant de l'épicier du cousin jusqu'à acquérir des immeubles en centre ville, des usines à la périphérie des métropoles. Paradoxe : cette première génération, contrairement aux idées reçues, n'était passée ni par Oran, ni par Paris, ni par Marseille pour acquérir le statut d'entrepreneur respectable arborant fièrement le label « *made in Souss* ». Ils ont développé leurs affaires à la sueur de leur front, convaincus qu'ils étaient de la centralité de la valeur travail : trimer pour y arriver, persévérer contre vents et marées pour l'œuvre de toute une vie. Nous pourrions leur prêter un sens pratique des affaires en tirant parti de leur terroir, ce déterminisme géographique, montagnard, qui est à l'origine de leur socialisation économique. Les montagnes « enclavées », autarciques, à l'accès difficile, l'enfance sous le jour de l'école coranique où « l'on mémorisait plus qu'on n'apprenait, qu'on apprenait plus qu'on n'observait »[46] : tel est l'univers écologique où ils ont évolué et qui fut déterminant dans leur trajectoire de vie :

« Il y a des dynamismes assez semblables dans tout l'Anti-Atlas qui se caractérise par son enclavement. Le travail demande plus d'effort, il faut compenser en faisant un effort personnel vers et sur la nature... C'est un peu comme un coureur de fond qui court en montagne à qui on demande de courir en plaine. Depuis quelques années, on parle du dopage, ici on se dope eu plein air... », argue un initié au domaine soussi des Iboudrarns (les montagnards).

Ce déterminisme géographique et cette mentalité paysanne est à rapprocher d'un fait illustre que plusieurs études du cas français ont mises en évidence : la paysannerie et les artisans ont renouvelé le patronat dans la France de l'entre-deux-guerres. Les pionniers ne sont pas pour autant comme les protestants de tradition calviniste étudiés par Max Weber (1971), mus par le dogme de la prédestination, mais peut-on dire que, derrière chaque entrepreneur, se trouve un *fqih* (homme de la religion ayant un capital spirituel reconnu).

Les croyances religieuses sont très fortement encastrées dans le monde des affaires des Soussis. Plusieurs interlocuteurs ont souligné cette étroite relation entre empire des saints et réussite économique :

« Sidi Lhadj Lahbib, âalim al aalama (Saint, docteur des docteurs de la loi islamique), était notre protecteur. Il savait que notre œuvre était juste, utile et au service du plus grand nombre. Plusieurs fois par an, notre vénéré

[46] C. Geertz, Observer l'islam, Paris, La Découverte 1992.

père lui rendait visite pour lui demander des conseils, une prière pour que le Très Haut nous comble de sa protection et que chaque visite apporte la *baraka*… ».

Par-delà ces croyances, il y a lieu de souligner que les pionniers des entreprises familiales étaient aussi des hommes de tribu et de guerre dont l'œuvre devrait être contextualisée et rapportée à une génération ayant connu la guerre et le protectorat (1912-1956). S'il est vrai qu'ils s'étaient hissés en « hommes nouveaux » dans le paysage patronal du Maroc, il est aussi vrai qu'ils n'ont pas « désenchanté le monde » en empruntant la voie « dé-sécularisée », débarrassée des attitudes traditionalistes. Certes, ils ont diversifié leurs affaires, noué des associations avec d'autres entreprises, mais le giron familial était leur seul horizon. Leur nom et leur réputation ne sont guère sortis du cadre étroit de leur influence et n'ont pas préparé leur progéniture à assurer la relève dans un monde changeant, en leur faisant acquérir des techniques de management à la hauteur des défis du processus de la mondialisation.

Étaient-ils visionnaires ? Certains avaient incontestablement le flair politique et savaient pertinemment que l'alternative rationnelle en affaires consiste dans l'opportunisme politique. Se maintenir économiquement passe par l'intrusion en politique pour y nouer de solides appuis. Plusieurs ministres étaient hommes d'affaires avant de se recycler en politique. En dépit du discours qui tend à présenter ces pionniers comme partis de rien, leur force a bel et bien résidé dans leur statut de notables locaux. La nouvelle génération, née et élevée dans le monde citadin, cherche à se maintenir bon gré mal gré dans le tissu économique en gérant l'héritage légué avec une différence de socialisation, de style et de posture. Tout se passe comme si les héritiers d'aujourd'hui « rejouaient des drames archaïques dans des costumes à peine modernisés ».

Dans ce qui suit, nous allons mettre en confrontation les deux générations par une comparaison qui fera ressortir les points communs et les dissemblances.

D'une génération à l'autre : analogies et dissemblances

Les entrepreneurs et les repreneurs

La première génération des pionniers est celle des entrepreneurs au sens économique du terme dans un contexte de reconstruction de l'économie nationale. À l'origine de ce qui deviendra une saga familiale : un nom comme héritage, une tribu ou une appartenance enracinée dans l'histoire, un *fqih*, un appui politique, des combinaisons gagnantes et de l'audace économique, du charisme. Génération pieuse, les pionniers étaient pratiquement tous des *Hadjs* (ayant accompli le pèlerinage à la Macque, le cinquième pilier de l'islam) dans un contexte où cette appellation religieuse faisait sens et forçait la considération.

Le repreneur n'obéit pas forcément au principe de la primogéniture en ce sens que le successeur n'est pas formellement le rejeton aîné, il est un choix délibéré du patriarche et le critère peut se résumer à l'unicité du cap et au dévouement inébranlable à l'entreprise, ce bien commun :

« Mon père, que Dieu ait son âme, a eu la lucidité de repérer celui de ses fils le plus apte, celui qui était à ses côtés dans les meilleurs comme dans les pires moments, celui qui a du caractère, il a eu le courage de le dire en nous expliquant pourquoi. Toute la famille a acquiescé parce qu'il m'a initié très tôt à ses affaires, m'a testé à plusieurs reprises et je n'ai jamais déçu. Je savais lui tenir tête quand il l'a fallu et je me suis toujours conduit comme son conseiller franc et affectueux, mais je ne lui ai jamais manqué de respect. Je suis fier aujourd'hui d'être son digne successeur… ».

Le fondateur « rationnel » est donc celui, prévoyant, qui choisit le fils le plus apte à lui succéder. Il le fait de son vivant au cours d'un conseil de famille de « passation de consigne », les héritiers acceptant docilement la partition, théoriquement du moins. C'est un élément clé de la transmission et tout faux pas peut avoir de conséquences dramatiques pour l'entreprise – pouvant aller jusqu'à la faillite. Souvent prise comme une anomalie dans la gestion financière ou résultant d'un règlement politique adverse (redressement fiscal par exemple), la faillite d'une entreprise familiale peut également provenir d'une lutte fratricide, mais les statistiques ne vont jamais jusqu'à élucider cette variable. L'élu ne s'impose pas à la fratrie *ex nihilo*, il doit se légitimer comme garant de l'intérêt familial et par sa capacité à faire fructifier l'esprit d'entreprise en ménageant les intérêts pécuniaires de son entourage immédiat : à chacun est octroyé solde, logement et voiture… Non seulement il est question de se légitimer aux yeux des autres héritiers, mais aussi de la société environnante. Acquérir ses lettres de noblesse revient à se défaire de l'étiquetage « fils à papa » et endosser le costume du digne successeur, sachant choisir ses collaborateurs et être le moment venu l'homme de poigne :

« *Je ne veux pas paraître aux yeux des autres comme un parvenu millionnaire, mais le digne successeur de ceux qui étaient là avant. Quant au linge sale, nous avons appris à le laver en famille. Les problèmes, c'est obligé surtout que la famille agrandit* ».

La démarche de se valider chez les siens est consubstantielle d'attester de son mérite et du sens de l'équité.

Le quadra repreneur n'est pas systématiquement un entrepreneur sur les pas de son père, mais un patron qui gère les différents rapports sociaux auxquels il est astreint : le choix des collaborateurs, des serviteurs, de son comptable et de son majordome… Il est tout aussi enclin aux *ziarats* (visites) des saints autochtones. Il poursuit, comme son père le fait ou le faisait, les œuvres de bienfaisance et tout ce qu'on a pris l'habitude de ranger dans le registre du « travail social ». Les Aït M'zal ont leur propre *Madrassa* (école religieuse), prenant en charge des *talbas*, ces étudiants en théologie, par égard pour un passé glorieux qui fait la personnalité de la région des Aït Baha. Le travail social est donc assurément pénétré de religiosité, il peut également se déployer dans des œuvres de soutien aux populations aux besoins spécifiques. Les Belhassan, par exemple, ont instauré un système de pécule destiné aux plus défavorisés et appuient les associations d'aide aux handicapés au sein de la ville d'Agadir.

Famille, travail et discrétion : la trilogie intergénérationnelle

Les pionniers des entreprises familiales dans le Souss, peut-être plus qu'ailleurs, cultivent la discrétion jusqu'à une extrême manie et ne cherchent pas éperdument la distinction. L'attachement à la terre natale et à l'esprit de famille reste un invariant des deux générations. Le recrutement de la main-d'œuvre est dicté par le critère familialiste et le demeure encore largement aujourd'hui :

« *On racontait qu'un pionnier recrutait son personnel sur le critère de l'amazighité au cours d'un test : le postulant aura à répondre en berbère aux questions et vers la fin de l'entretien d'embauche, on lui présente un légume quelconque et il est invité à lui trouver le nom en berbère... Ainsi il devrait répondre que l'oignon est tazalimt et non lbsla...* ».

Aussi pourrions-nous en conclure à l'un des fondamentaux de la gestion des entreprises familiales dans la région du Souss, à savoir le fondement familialiste. Le personnel local, appelé à intégrer ces entreprises, est trié sur le volet de son « authenticité régionale ». Par une telle procédure de recrutement, l'objectif recherché consiste à faire de l'entreprise un système social apaisé, voire de « fermeture communautaire », garante de la discrétion. Il ne s'agit pas là d'une rationalité axiologique, d'une philanthropie, mais d'un sens économique des plus prononcés, d'une rationalité instrumentale tant il est vrai que le modèle de gestion de la main-d'œuvre repose sur le modèle néo-paternaliste. Le travail dans l'entre-soi communautaire est postulé comme une base de la

pérennité de l'entreprise. Les entreprises familiales colportent, indifféremment du référent générationnel, la vision de l'entreprise-famille dont la réussite ou l'échec affectera tous les maillons.
Ce thème de la centralité de la famille est un vieil argument en faveur du lien social, mais il atteste empiriquement d'une autre stratégie : lier la bonne marche de l'entreprise au dynamisme de la région du Souss. Les anciens comme les nouveaux s'attachent à la trilogie : famille, travail et discrétion.

La confiance et la loyauté : des invariants structurants
La confiance : mot magique et qui est tout de même au fondement du lien social. Les grandes fortunes étaient bâties sur le critère de la confiance, mais cette dernière est avant tout une construction sociale :
« *Mon père a travaillé avec Nssara (Chrétiens) et avec les Juifs, sa parole est la seule qui compte, la leur aussi. Ils jouent la loyauté dans les affaires, comme dans la vie de tous les jours* »
La logique du donnant-donnant a ici valeur explicative. Parmi les propriétés du capital social recensées par Adler et Know[47], nous retenons celle qui nous semble la plus pertinente à savoir la connaissance continue, génératrice de confiance entre partenaires. Les deux générations ont en commun d'adhérer au principe de la confiance dans les affaires et de la loyauté dans les relations professionnelles. La mentalité paysanne des pionniers plus encline à la méfiance et la socialisation citadine des successeurs dont l'individualisme effréné est une composante sont conjuguées au critère de la confiance : savoir à qui donner, recevoir ce qu'on peut rendre. Ainsi le monde des affaires des Soussis est structuré par cette solidarité mécanique dont la confiance et la loyauté sont des ingrédients fondamentaux.

[47] Social Capital : prospects for new concept, Academy of Management Review, 27, 2002, pp. 17-40

Ces ingrédients dépassent le cadre inter-individuel pour devenir une affaire de famille et de groupe. Parce qu'un enjeu financier d'importance est engagé et pour se placer dans les cas de figure les plus plausibles, il est nécessaire d'entretenir la confiance. Cette dernière n'est pas seulement une affaire de morale ou de sentiments autour de la croyance que « rien n'arrivera puisque son prochain serait imprégné d'une logique de l'honneur et du respect de la parole donnée ». S'il est vrai que la confiance est centrale dans ce processus, il est aussi vrai que la contrepartie est nécessaire à son maintien. La confiance s'achète et ne se mérite pas en l'occurrence. « Un rendu pour un prêté » a les allures de tout un programme dans les relations inter-entreprises.

Entrepreneuriat Soussi et politique

Bien souvent la bénédiction du pouvoir politique est un paramètre essentiel de la réussite entrepreneuriale. Des témoignages abondent dans ce sens et convergent à souligner que les « notables » locaux disposent d'un « capital social », dans le sens de réseau de relations, qui les prédestine au monde des affaires. Cette bénédiction peut prendre plusieurs formes comme l'allégement des prélèvements obligatoires, la facilitation du régime d'autorisation et de toutes les machineries bureaucratiques et administratives. Il en est de même des alliances matrimoniales avec des familles influentes. Ce fait n'est pas nouveau. Déjà dans l'*Entre-deux-guerres*, le film de Marcel L'Herbier, tiré du roman *Les hommes nouveaux* de Claude Farrère, est retracé le processus qui préside à la fortune en terre marocaine en mettant en scène un Français moyen des années trente que rien ne prédestinait à la réussite économique. Considéré comme l'un des « hommes nouveaux » qui allaient faire la gloire du Maroc, Bourron, lors du voyage qui le ramenait au Maroc après un séjour en France, rencontra une jeune veuve prénommée Christiane. Cette dernière était déjà liée à l'officier Henri de Chassagnes, ami et conseiller du *caïd* Medhani, influent homme d'affaires marocain. Fin stratège, Bourron demande la main de Christiane en vue d'approcher le *caïd* et de faire fortune auprès de lui. C'est dire à quel point cette culture médiationnelle est une constante pour comprendre la dynamique entrepreneuriale contemporaine.

Pour ne pas conclure…

L'intérêt de fonder la présente section sur le référent « génération » est précisément de souligner que les événements et les contextes diffèrent d'une génération à une autre et que cette différence impacte grandement sur la socialisation des uns et des autres :
« La génération sociale est définie comme un milieu spirituel original, comme un état d'âme collectif incarné dans un groupe humain qui dure un certain temps, analogue à la durée d'une génération familiale »[48].
Il convient dès lors d'engager une véritable sociologie des générations pour comprendre comment la société des affaires se reproduit sans heurts notables.

La première génération a connu la guerre et est imprégnée d'une logique de l'honneur. Formés à la dure, les pionniers étaient des combattants intarissables, pétris d'une culture religieuse et traditionnelle. Il reste que le changement social guette et malmène les formes sociales et managériales d'antan.

La deuxième génération est tiraillée entre la fidélité aux fondamentaux de l'entreprise familiale et le désir de puissance pouvant donner lieu à des « guéguerres » pour évincer tel ou pour promouvoir tel autre. Ce système d'allocation des ressources, incontournable dans tout type de gouvernance, peut s'avérer à double tranchant. D'une part, il permet au successeur de marquer son territoire, d'asseoir son style et de concevoir son projet pour l'entreprise familiale. De l'autre, il peut faire des aigris pouvant accélérer le déclin de l'œuvre commune.

[48] François Mentré, Les générations sociales, Paris, éd. Bossard, 1920.

Par conséquent, l'enjeu pourrait être de l'ordre de la psychosociologie du *leadership* dans ces groupes assurément complexes.

Le monde des affaires demeure *terra incognito* au Maroc au sens de la rareté des études empiriques et monographiques. Parce qu'ayant un soubassement social indéniable, les faits économiques se forment et se cristallisent dans des institutions, en l'occurrence ici dans la famille. L'intérêt de la sociologie économique est de déconstruire le mythe de l'acteur rationnel, cet *homo oeconomicus* adulé par les Pères fondateurs de l'économie politique, en portant une attention particulière aux enjeux de pouvoir et aux relations sociales à l'œuvre dans la genèse des institutions dites économiques. Ainsi les entreprises familiales dans la région du Souss sont avant tout un construit social obéissant à un processus complexe (importance des relations sociales, centralité de la confiance et de la loyauté dans les relations marchandes, bénéfice des appuis politiques, croyance forte en la valeur travail, détention des capitaux économique, religieux et symbolique, possession d'un statut avantageux dans la stratification sociale locale…) au devenir incertain (vicissitudes de la transition générationnelle). Si, au commencement, le capitalisme familial prend racine sur le terreau des économies relativement autarciques, force est de constater que le défi du processus de la mondialisation pourrait sinon ébranler la suprématie des sagas familiales patiemment et méthodiquement constituées tout au long de l'Histoire, du moins leur opposer une concurrence des plus ardues pouvant aboutir au « désenchantement du monde » selon la belle expression de Max Weber. C'est tout l'enjeu de ce troisième millénaire…

Chap. 12 Le travail dans la société marocaine : significations et implications

Une aspiration à vivre dans une « société salariale »

Que revêt aujourd'hui le travail dans la société marocaine en mutation ? Le travail n'est plus considéré comme une simple occupation. Ce n'est pas faire preuve de relativisme culturel que d'avancer que le statut du travail dans les sociétés musulmanes et maghrébines a longtemps été considéré comme synonyme d'occupation. L'étude de Pierre Bourdieu sur l'Algérie et celle de Paul Pascon sur le Maroc ont fait valoir que le travail ne s'oppose pas au chômage mais à la paresse : «Il y a toujours quelque chose à faire, y compris pour un berger tailler sa flûte », écrivait P. Bourdieu (1963).
L'ordre social, ou le contrôle social, peut pardonner à l'individu d'être au chômage, mais est stigmatisé quiconque ne présente pas un handicap objectif qui l'empêche de travailler, et qui fait preuve, ce faisant, de paresse.
Or, aujourd'hui, à l'aune de mon terrain, il y a bel et bien une centralité du travail salarié. L'aspiration à un salaire d'appoint régulier dans les entreprises paraît être la motivation essentielle des travailleurs marocains. Si l'entreprise est perçue comme le réceptacle de leurs attentes et l'objet de leurs aspirations – nombre de candidats au travail portent des projets avant d'intégrer l'entreprise comme celui de rencontrer un conjoint, de réaliser un projet immobilier ou encore celui de l'obtention d'un visa pour émigrer en France –, elle approfondit et instrumentalise aussi le clivage entre les salariés déclarés et les occasionnels en favorisant une sorte de « nomadisme salarial » (Labari, 2007a). C'est là toute l'ambivalence du monde du travail au sein de ces entreprises.
La société marocaine était-elle en train de vivre une transition allant de la nécessité sociale de s'occuper à l'impératif économique de travailler ? L'urbanisation grandissante, la scolarisation

généralisée, la massification du travail féminin et l'ouverture du Maroc à l'internationalisation des dynamiques économiques contribuent à promouvoir la centralité du travail non seulement comme contrepartie salariale mais en tant que pourvoyeur d'un statut social, voire d'une dignité. Plusieurs ouvrières enquêtées pointent clairement cette vision du travail :
« À Casablanca, ce n'est pas drôle, soit tu travailles et tu deviens digne ; soit tu te tailles les ongles et tu seras la risée de tout le monde ».

Vers la massification de la féminisation du salariat de l'exécution et de la migration ?

Il faut en convenir : les entreprises dans les centres urbains mondialisés bouleversent la donne migratoire et « féminisent » davantage le monde du travail. En effet, elles attirent vers les villes des masses humaines considérables sans y avoir été préparées. Ce fait, on l'aura compris, est inhérent à des secteurs de transformation de faible technicité comme celui de l'habillement, secteur qui emploie en majorité des jeunes filles ou des femmes d'origine rurale et sans qualification. La tentation est grande de voir ce qu'il en est d'autres secteurs plus industrialisants et qui requierent une qualification conséquente comme les Nouvelles technologies d'information et de communication (NTIC). Or, la recherche menée au sein des centres d'appel montre à l'évidence que la féminisation en est une caractéristique majeure (Labari et …, 2007), la mise au travail des diplômés, notamment des jeunes filles tout juste sorties des écoles et des universités, enrôlées par les centres d'appel, constitue certes un acquis important au sein d'un marché du travail hautement compétitif ; mais la prolétarisation des diplômés par ces centres est une tendance qu'il convient de valider ou de nuancer par des études approfondies de type monographique.
La symbolique de la voix et la question identitaire, la mise en place d'une politique d'intéressement inspirée

de la culture du résultat, questionnent également sur les nouvelles formes de gestion de la main-d'œuvre dans le contexte de l'économie-monde. Peu importe comment on peut qualifier ces nouvelles formes d'organisation du travail, post ou néo-taylorisme et combien même des alternatives sont proposées : esprit d'équipe, polyvalence des opérateurs, groupes semi-autonomes, raccourcissement de la ligne hiérarchique, l'armature du système demeure la même et s'apparenterait à un taylorisme à visage humain et cela ne concerne pas seulement l'industrie, mais également le secteur tertiaire, le taylorisme en col blanc. Là encore, tout se passe comme si le néo-taylorisme était de « sexe féminin ».

Le travail féminin, venons-en justement. L'un des faits saillants de mon terrain est ce remarquable engouement des femmes, notamment des jeunes filles, pour le travail salarié à Casablanca. Or, c'est un fait social majeur que la massification du travail féminin dans une société que l'on peut considérer, par certains côtés, comme patriarcale : 39 % des femmes exercent une activité rémunérée en milieu urbain à Casablanca selon la dernière enquête du ministère de l'Emploi. Il me semble que le terrain marocain offre une perspective prometteuse de la situation de la femme au travail et des transformations de ses rapports avec l'homme. Dans les cas de la « partance » et de l'émigration féminine (Labari, 2006), force est de relever que les solidarités entre filles pour se loger et travailler se font pour « détourner » la domination masculine. Les débrouillardises entre femmes sont exemplaires dans un contexte gagné par l'individualisme et la culture du « chacun pour soi ».

Plus précisément, peut-on dire que le travail dans les entreprises rend les femmes plus heureuses et plus émancipées ? À Casablanca, ce travail permet d'échapper à la tutelle parentale, mais il est lui-même aliénant. L'espace émancipateur du travail s'accompagne d'un espace autoritaire et disciplinaire quant à son organisation. Dans les discours que les ouvrières énoncent pour décrire leur situation, il y a bien un rapport positif à l'emploi même si elles reconnaissent le caractère répétitif et épuisant du travail. Le monde du travail permet à la femme une acculturation à la mentalité économique, le salaire constitue bien pour elle un atout dans ses rapports avec son époux. Il faut au préalable préciser que cette perception n'entraîne pas automatiquement et dans tous les cas le pouvoir de disposer souverainement de son salaire. Il existe une pluralité de cas dont il est difficile de dégager un cas de figure idéal-typique. Mais le résultat le plus significatif réside dans ce rapport si particulier à l'argent, c'est-à-dire la centralité du salaire au mépris des conditions de travail.

C'est là encore une donnée empirique : quand on interroge les femmes sur leur rapport au travail dans les entreprises, la centralité du salaire passe pour la revendication cardinale qui revient comme un *leitmotiv* et peu importe, de leur point de vue, les conditions dans lesquelles elles exécutent le travail. Ce qui explique qu'elles se portent candidates aux heures supplémentaires, voire pour le travail de nuit pourtant très encadré par la législation. Tout se passe comme si la nuit portait salaire (Labari, 2007b). Ce rapport à l'argent est déjà entrevu par P. Pascon et M. Bentahar dans leur étude sur les jeunes ruraux. Les deux sociologues ont relevé l'importance de l'argent, synonyme de morale, chez la jeunesse rurale des années 1970 :

« L'argent, mot miracle, seule vraie rareté, moyen ouvrant toutes les portes : absolument ! La société n'est pas féodale, capitaliste, étatique ou autre, elle est pour le jeune rural mercantile. Il n'y a d'autre morale que l'argent, d'autre voie que celle de l'achat ou de la vente des marchandises, des autorisations, des obligations. Ce n'est pas le diplôme, la technicité, ou même la discipline qui fonde au village la morale, c'est la monnaie » (Pascon et Bentahar , 1978, p. 231).

À Agadir, le maintien des ouvrières dans leur famille limite la fonction émancipatrice du travail – la contrepartie étant que l'organisation du travail relève du modèle « néopaternaliste ». Les entreprises délocalisées dans des territoires ruraux ou semi-ruraux induisent une organisation du travail de type néo-paternaliste correspondant à l'analogie entre entreprise et famille. Je vais appuyer ma démonstration sur le cas spécifique de la région d'Agadir. Le modèle paternaliste est l'une des anciennes traditions de commandement dans les entreprises au sein des sociétés à organisation communautaire et à division de travail simple. Même lors de la prime industrialisation, cette manière de commander les ouvriers s'impose tant la main-d'œuvre demeure à prédominance rurale. Il s'agit alors de socialiser les travailleurs à l'entreprise comme les enfants à leur famille. La définition classique du paternalisme attache une importance capitale à la vie extra professionnelle plus ou moins prise en charge par l'employeur pour s'attacher la fidélité et accroître la dépendance de la main-d'œuvre ainsi amadouée. La mise à disposition d'un logement et plus largement la prise en charge de l'ensemble des domaines de l'existence ouvrière, du logement à la protection sociale en passant par l'école, par le patronat s'apparente à une forme de « patronage ». Ce dernier s'exerce sur les conditions de travail par l'allègement des cadences en créant une ambiance familiale au travail. La gestion paternaliste de la force de travail est même idéalisée comme fondement d'un mode d'organisation sociale basé sur les rapports sociaux hérités de la société agraire traditionnelle et transposé dans le monde de l'entreprise. Ces deux données essentielles, traits définissant le paternalisme historique qui a prévalu en Europe occidentale, ne sont pas de mise dans le type de gestion de la force de travail tel que nous l'avons observé dans le contexte des entreprises – notamment dans l'agro-alimentaire délocalisé dans la région d'Agadir. Je suis donc amené à récuser le terme « paternalisme » pour lui substituer celui plus actuel de « néopaternalisme ». Centré sur l'atelier et se caractérisant par le recours à une main-d'œuvre en fonction des liens familiaux qui la fondent, ce néo-paternalisme est pour moi une donnée empirique spécifique aux entreprises exportatrices implantées dans les régions semi-rurales. Il est, dans la logique de son ancêtre, « paternalisme », mais s'en distingue en réduisant l'ouvrier à deux bras avec une âme sensible à la symbolique : la direction des entreprises fait des cadeaux ou donne des sommes d'argent à ses salariées à l'occasion d'une naissance, d'un baptême ou d'une fête religieuse et va jusqu'à les impliquer dans l'organisation de quelques fêtes pour leur faire sentir leur appartenance à l'entreprise. Ce néo-paternalisme ne repose ni sur un mode de rémunération attractif ni sur l'offre d'une forme de protection avantageuse. Il est plutôt constitué de contenu symbolique qui consiste à tenir un langage de faveurs et à mettre en œuvre un mode de gestion de la main-d'œuvre fidèle aux habitudes locales. Le recrutement se fait sur le critère des liens familiaux notamment et l'organisation du travail est coextensive à la politique de recrutement suivie par l'entreprise délocalisée. En effet, la stabilité et la fidélisation de la main-d'œuvre sont l'un des leviers qui conditionnent le rendement de l'entreprise, son espérance de vie et finalement sa réussite à tirer profit de sa localisation.

Usage multiple du référent islamique en milieu de travail

La façon avec laquelle le référent islamique fait irruption, voire régule le procès de travail est tout simplement problématique. Je dois dire qu'il s'agit là de l'une des observations qui m'ont le plus questionné. Tout se passe comme si le référent islamique était un « fait social total » imprégnant le milieu du travail dans pratiquement toutes ses dimensions, avec encore une fois une variété entre les entreprises étudiées. En effet, deux types d'islam s'affrontent.

Le premier est celui utilisé par la direction de l'entreprise au travers des slogans et des versets coraniques au sein de l'atelier casablancais en s'appuyant pour cela sur le postulat que les travailleuses et travailleurs locaux seraient sensibles à l'exhortation islamique du travail.

Les entretiens réalisés et les observations menées au sein de l'entreprise font plutôt ressortir que la réception du credo islamique n'est positive que dès lors qu'il s'accompagne d'une contrepartie pécuniaire : aide à l'achat du mouton pendant la fête de l'*Aïd El Kebir* et autres primes religieuses, de même que quelques « vertus » telles que la distinction, l'assiduité...

Le second est celui mobilisé par les ouvrières d'atelier, d'origine rurale pour la plupart. Ces dernières développent des stratégies de résistance à l'organisation du travail relevant de ce qu'il est convenu d'appeler des croyances populaires. J'ai notamment développé et analysé deux exemples observés en situation de travail : l'encens et les amulettes. Autant de croyances et d'attitudes culturelles. D'une certaine manière, ces croyances populaires, dans la plus pure tradition maraboutique, se trouvent invoquées par les ouvrières non pas pour stimuler les cadences mais plutôt pour se protéger d'une trop grande pénibilité ou pour espérer une meilleure sécurité de l'emploi, un poste fixe et les avantages qui lui sont consubstantiels. Il est patent de relever que ce sont les ouvrières les plus précarisées (ne disposant pas de contrat de travail ni de logement décent) qui s'adonnent à de telles pratiques. Si dans les pays laïcisés par exemple, la religion est le plus souvent synonyme d'ordre ; au Maroc, en revanche, l'islam est à la fois ordre et philosophie de vie.

Pourquoi donc la plupart des entreprises du Maroc mobilisent-elles le référent islamique ? Est-ce pour intéresser les salariés ? Est-ce pour tempérer leurs ardeurs revendicatives ? Est-ce encore pour « humaniser » le modèle disciplinaire d'organisation du travail ? J'ai opté pour la dernière hypothèse d'autant que la mise en relation entre un modèle d'organisation du travail et la « socialisation primaire » des travailleurs marocains génère des formes de résistance puisées principalement dans le registre islamique. Entendons-nous bien cependant : l'islam, lui-même, est pluriel et varié si l'on en reste à la façon avec laquelle il est pris en compte dans les entreprises enquêtées. Entre l'islam rigoriste, salafiste, doctrinaire (c'est donc celui instrumentalisé par la direction des entreprises), et « l'islam mystique, maraboutique et populaire » (c'est donc celui des salariés), la différence est de taille.

Dans tous les cas, le milieu du travail est le foyer où le facteur culturel et religieux est le plus visible. La référence à l'islam représente le dénominateur commun de toutes les entreprises enquêtées et l'on retrouve la même prégnance dans les entreprises familiales dans le Souss. Je suis tenté d'émettre une hypothèse plus large qui est la suivante et qui a d'ailleurs traversé de bout en bout mes recherches : les entreprises s'implantant au Maroc entreprennent un travail de légitimation dont l'islam est un paramètre essentiel. La plupart des patrons français, dans leur approche de la société marocaine, prennent en considération le référent islamique. Les associations françaises de Casablanca, censées accompagner l'établissement des expatriés entrepreneurs, dispensent conseils et recommandations qui frisent l'anecdotique : ne pas manger durant le mois du Ramadan en présence d'un Marocain, ne pas parler dans les toilettes, ne pas exhiber sa richesse...

À Agadir, en revanche, le modèle néo-paternaliste d'organisation du travail s'appuie sur la « manipulation » des symboles locaux pour qu'entreprise française et société locale soient concordantes et convergentes, notamment dans la forme. En d'autres termes, le registre économique (la rentabilité économique qui est la finalité de l'entreprise) et le registre culturel (en tant que spécificités locales) « font bon ménage ». À l'appui de cette hypothèse, la politique patronale s'appuie sur les traits caractéristiques de la « société locale » pour les intégrer comme des ingrédients du fonctionnement de l'entreprise. *L'Brih, La djemâa,* le familialisme en sont quelques exemples notoires. Cette variété me semble aller à l'encontre de la thèse développée par certains sociologues comme Philippe D'Iribarne (1998) de l'existence des « cultures nationales » irréductibles et impactant significativement sur les modes de gestion des entreprises. Je préfère pour ma part parler de *cultures locales* (en non cultures « ethniques ») ouvertes sur l'extérieur et s'enrichissant des apports que lui procure cette ouverture.

Références bibliographiques

Appay B. (1996), Flexibilité et précarisation : vers la corvéabilité ? in Hirata H., Senotier D. (dir.), Femmes et partages du travail, Paris, Syros.

Arendt H. (1958), La condition de l'homme moderne, Paris, Pocket, Coll. Agora (rééd. 1994).

Benabi M. (1954), Vocation de l'Islam, Paris, Seuil.

Benhilal M. (1996), Maroc – Chronique intérieure, AAN.

Ben Jelloun T. (1997), L'écrivain public, Paris, Seuil.

Bollinger D. et Hofstede G., Les différences culturelles dans le management, éd. d'Organisation, 1987.

Bougroum M. et Ibourk A. (2002), « Le chômage des diplômés au Maroc : quelques réflexions sur les dispositifs d'aide à l'insertion », Formation Emploi, n°79.

Bourdieu P. (1963), Travail et Travailleurs en Algérie, Paris, Mouton.

Bourdieu P. (1980), Questions de Sociologie, Paris, Minuit, 1980.

Bourdieu P. (1994), Raisons pratiques, Paris, Seuil.

Bourdieu P., (1972), Esquisse d'une théorie de la pratique précédée de Trois études d'ethnologie Kabyle, Paris, Droz.

Bourdieu P., (1977), Algérie 60, structures économiques et structures temporelles, Paris, Minuit.

Bourdieu P., (1979), La distinction. Critique sociale du jugement, Paris, Minuit.

Bourdieu P., (1998), La domination masculine, Paris, Seuil.

Bourdieu P., (2001), Science de la science et réflexivité, Paris, éd. Raisons d'agir.

Bourdieu P., Sayad A. (1964), Le déracinement. La crise de l'agriculture traditionnelle en Algérie, Paris, Minuit.

Boutet J. (1998), Quand le travail rationalise le langage, in Kergoat J., Boutet J., Jacot H., Linhart D. (dir.), Le monde du travail, Paris, La Découverte et Syros.

Carlier O. (1998), Le Hammam maghrébin, héritage séculaire et acculturation à la modernité (XIX – XXème siècles), in Ossman S. (Dir.), Miroirs maghrébins.

Itinéraires de soi et paysages de rencontre, Paris, CNRS Editions.
Cassart C. et Gérard M. (2001), « Concurrence salariale et délocalisations d'entreprises », Revue Reflets et perspectives de la vie économique
Chevrier S. (1996), Le management de projets interculturels : entre le rêve du melting pot et le cauchemar de la Tour de Babel, Paris, Publication de l'École de Paris.
Chevrier S., (2000), Le management des équipes interculturelles, Paris, PUF.
Chraïbi D. (1955), Le bouc, Paris, Gallimard.

Clot Y. (1995), Le travail sans l'homme. Pour une psychologie des milieux de travail et de vie, Paris, La Découverte
Clot Y., Le travail sans l'homme, Paris, La Découverte, 1995.
Collin D. (1997), La fin du travail et la mondialisation, Paris, L'Harmattan.
D'Iribarne P. (1989), La Logique de l'honneur, Seuil, Paris
D'Iribarne P. (1996), « Les ressources imprévues d'une culture. Une entreprise excellente à Casablanca », Revue « Gérer et Comprendre »
D'Iribarne P. (dir.), (1998), Culture et mondialisation. Gérer par-delà les frontières, Paris, Seuil.
Daoud Z. (1980), « Emploi sans formation, formation sans emploi. Le cas du Maroc », Annuaire de l'Afrique du Nord, p. 71-86.
Defalvard H., (1995), Essai sur le marché, Paris, Syros.
De Foucauld C. (1888), Reconnaissance au Maroc, Paris, Du Jasmin.
Duvignaud J. (1968), Chebika (suivi de retour à Chebika 1990). Changements dans un village du sud tunisien, Paris, Plon.
Elias N. (1975), La dynamique de l'Occident, Paris, Calmann-Lévy.
Emmery G., Knibiehler Y. et Leguay F., (1992), Des Français au Maroc, Paris, Denoël.

Falquet J. et al. (2010), Le sexe de la mondialisation, Paris, Presses de sciences Po.
Friedmann G. (1961), Sociologie du travail et ethnologie, Sociologie du travail, avril-juin.
Forester V. (1996), L'horreur économique, Paris, Fayard.
Francfort I., Osty F., Sainsaulieu R. et Uhalde M., (1995), Les mondes sociaux de l'entreprise, Paris, Desclée de Brouwer.
Geertz C. (1979), Meaning and order in moroccan society ; three essays in cultural analysis, (avec Mildred Geertz et Rosen Lawrence), Cambridge University Press.
Geertz Cl. (1977), The judging of nations. Some Comments On The Assessment of Regimes in The New States, Archives européennes de Sociologie.
Geertz C. (1973), The interpretation of cultures, Paris, La Découverte.
Geertz C. (1992), Observer l'islam, Paris, La Découverte.
Gellner E., (1961), The role and organisation of a berberzawya, Londres.
Gellner E., (2003), Les saints de l'Atlas, Paris, Ed. Bouchène, coll. « L'intérieur du Maghreb ».
Ghils F., « Le pays entre dans la mondialisation par effraction », Le Monde diplomatique, juin 2001.
Gorz A., (1989), Métamorphose du travail, quête du sens, Paris, Galilée.
Guessous C., (2002), L'Exploitation de l'innocence, Casablanca, éditions Eddif.
Hibou B. et Tozy M. (2000), Une lecture d'anthropologie politique de la corruption au Maroc : fondement historique d'une prise de liberté avec le droit, Revue Tiers-Monde, janvier-mars, n° 161.
Hammoudi A., (1997), Master and Disciple. The Cultural Foundations of Moroccan Authoritarianism, Chicago & London, The University of Chicago Press.
Hassan II (2000), Le génie de la modération. Réflexions sur les vérités de l'islam. Entretiens avec Eric Laurent, Paris, Plon.

Henry J. R. (1990), Les Etats maghrébins à l'épreuve de la mondialisation, in Malki H. E., Santucci J. C. (dir.), Etat et développement dans le monde arabe. Crises et mutations du Maghreb, Paris, Editions du CNRS.

Hoggard R. (1970), La culture du pauvre, Paris, Editions de Minuit.

Labari B., (2002a), « Mondialisation et "cultures locales" au regard des délocalisations industrielles françaises au Maroc », *Esprit critique*, vol.04 no.10, octobre.

Labari B., (2002b), « Un exercice d'altérité. Conversation avec un résident européen au Maroc », *Esprit critique*, vol.04 no.11, novembre.

Labari B. (2003), « La réinvention locale de l'entreprise. Perceptions et expériences de l'entreprise française chez les populations marocaines », Communication aux IXes Journées de Sociologie du travail, Paris, Site Descartes, 27 et 28 novembre.

Labari B., (2004a), L'économie contre la culture ? Les délocalisations industrielles françaises au Maroc. Études monographiques dans deux villes (Casablanca et Agadir), Université Paris-X-Nanterre, 2004, 547 p.

Labari B., (2004b), « La bonne et le chaouch : deux figures de servitude dans le contexte des délocalisations industrielles françaises au Maroc ? » Communication aux journées de l'Association française de sociologie, Villetaneuse, Février.

Labari B., (2004), Le patriarcat à l'épreuve de la mondialisation économique. Le cas du travail féminin dans les entreprises françaises délocalisées à Casablanca » *in* Jacqueline Laufer, Catherine Marry, Margaret Maruani, Danièle Meulders (dir) *Marché du travail et genre. Maghreb – Europe,* Bruxelles, Brussels Economic Series, éditions du DULBEA, novembre, p. 307-317.

Labari B., (2005), « La figure néo-coloniale du patron délocalisant. Réflexions sur la mixité entrepreneuriale dans le contexte franco-marocain », Communication aux Journées scientifiques du réseau Entrepreneuriat,

Agence universitaire de la francophonie, 1 au 4 juin, Roumanie.
Labari B., (2006), « La partance féminine vers l'Occident marocain. L'attractivité ambivalente d'une ville-monde. Le cas de Casablanca », *Revue Migrations Société*, n° 103, janvier-février, p. 75-97.
Labari B., (2007a), « La fabrique du nomadisme salarial par l'économie-monde. Remarques à partir du cas marocain », *in* Jean-Pierre Gélard (dir.) *Travailler plus, travailler moins, travailler autrement*, Rennes, Presses universitaires de Rennes.
Labari B. (2007b), *Le Sud face aux délocalisations*, Paris, Houdiard éditeur.
Labari B., (2007), « La nuit porte salaire. Travail de nuit et servitude ouvrière dans les entreprises délocalisées au Maroc », Communication aux 11es Journées internationales de Sociologie du Travail, Londres, 20-22 juin.
Labari B., (2010), « Délocalisations et nouvelles formes d'organisation de travail : vers un modèle d'entreprise flexible ? », Communication plénière au colloque international, Délocalisations - relocalisations : quelles implications économiques et managériales, organisé par le Centre d'études sociales, économiques et managériales et l'Institut d'administration des entreprises de Lyon, 12 et 13 mars, Casablanca, Maroc.
Labari B. et Majdi H., (2014), *La néo-question sociale à l'ère de la mondialisation*, Paris, Paris Edilivre.
Labari B., (2015), « Les entreprises familiales au défi de la transmission générationnelle. Etude sociologique dans la région du Souss », *Revue arabe de sociologie*, Vol. 25, Automne 2014.
Leveau R. (2000), Le partenariat euro-méditerranéen. La dynamique de l'intégration régionale, Commissariat général du Plan, La Documentation française, 2000.
Linhart D., (2002), « Aux sources du désarroi des salariés, Travail en miettes, citoyens déboussolés », *Le Monde diplomatique*, juin.
Linhart R., (1978), *L'établi*, Paris, Minuit

Malinvaud E. (1996), « Pourquoi les économistes ne font pas de découvertes », *Revue d'économie politique*, vol. 106, n° 6, p. 929-942

Maruani M., (dir.) (2013), Travail et genre dans le monde. L'état des savoirs, Paris, La Découverte.

Marx K., (1859), Principes d'une critique de l'économie politique, Œuvres II, Gallimard

Maurice M., Sellier F. et Silvestre J.-J., (1982), *Politique d'éducation et organisation industrielle en France et en Allemagne*, Paris, PUF.

Mentré F. (1920), Les générations sociales, Paris, éd. Bossard

Mercier N. et Segrestin D., (1983), « L'"effet territoire" dans la mobilisation ouvrière. Essai d'analyse de situation complexe », *Revue française de sociologie*, Vol. 24, n°1, Jan. - Mar., p. 61-79.

Mernissi F. (1979), Nos femmes invisibles rapportent des milliards, Lamalif, n° 103, janvier.

Montagne R., (1954), *Naissance du prolétariat marocain, Enquête collective exécutée de 1948 à 1950*, Paris, Peyronnet et Cie.

Panhuys H. et Zaoual H., (dir.), (2000), *Diversité des cultures et mondialisation Au-delà de l'économisme et du culturalisme*, Paris, L'Harmattan.

Pascon P., (1986), « La nature composite de la société marocaine », BESM, n°155-156, janvier, p 211-215.

Pascon P., Bentahar M. (1978), Ce que disent 296 jeunes ruraux marocains, Rabat, Bulletin économique et social du Maroc, Rabat.

Paugam S. (2000), Le salarié de la précarité, Paris, PUF.

Pinçon M. et M. Ch. (1999), Nouveaux patrons, nouvelles dynasties, Paris, Calmann-Lévy

Robin J., (1989), Changer d'ère, Paris, Seuil.

Sayad A., Les trois « âges » de l'émigration algérienne, Actes de la Recherche en Sciences Sociales, 1977, vol. 15, pp. 59-79

Sayad A., Les enfants illégitimes – première partie -, Actes de la Recherche en Sciences Sociales 1979, vol. 29, numéro 25, pp. 61-81.

Sayad A. Les enfants illégitimes – deuxième partie -, Actes de la Recherche en Sciences Sociales, 1979, vol. 26, numéro 26-27, pp. 117 – 132.
Sayad A (1975), Al Ghorba. Le mécanisme de reproduction de l'émigration, ARSS, n° 2, mars.
Scarfo Ghellab G. (2005), Femmes ingénieurs au Maroc et accès au marché du travail, N° 74, pp. 117-128
Simmel G., (1989), *Philosophie de la modernité*, Paris, Payot.
Supiot A., (1994), *Critique du droit du travail*, Paris, PUF.
Wallerstein I. (1999), L'héritage de la sociologie, la promesse de la science sociale, Sociétés contemporaines, n°33-34, p.159-194.
Waterbury J., (1975), *Le commandeur des croyants. La monarchie marocaine et son élite*, Paris, PUF.
Weber M., (1971), *L'éthique protestante et l'esprit du capitalisme*, Paris, Plon

Structures éditoriales du groupe L'Harmattan

L'Harmattan Italie
Via degli Artisti, 15
10124 Torino
harmattan.italia@gmail.com

L'Harmattan Hongrie
Kossuth l. u. 14-16.
1053 Budapest
harmattan@harmattan.hu

L'Harmattan Sénégal
10 VDN en face Mermoz
BP 45034 Dakar-Fann
senharmattan@gmail.com

L'Harmattan Cameroun
TSINGA/FECAFOOT
BP 11486 Yaoundé
inkoukam@gmail.com

L'Harmattan Burkina Faso
Achille Somé – tengnule@hotmail.fr

L'Harmattan Guinée
Almamya, rue KA 028 OKB Agency
BP 3470 Conakry
harmattanguinee@yahoo.fr

L'Harmattan RDC
185, avenue Nyangwe
Commune de Lingwala – Kinshasa
matangilamusadila@yahoo.fr

L'Harmattan Congo
67, boulevard Denis-Sassou-N'Guesso
BP 2874 Brazzaville
harmattan.congo@yahoo.fr

L'Harmattan Mali
Sirakoro-Meguetana V31
Bamako
syllaka@yahoo.fr

L'Harmattan Togo
Djidjole – Lomé
Maison Amela
face EPP BATOME
ddamela@aol.com

L'Harmattan Côte d'Ivoire
Résidence Karl – Cité des Arts
Abidjan-Cocody
03 BP 1588 Abidjan
espace_harmattan.ci@hotmail.fr

L'Harmattan Algérie
22, rue Moulay-Mohamed
31000 Oran
info2@harmattan-algerie.com

L'Harmattan Maroc
5, rue Ferrane-Kouicha, Talaâ-Elkbira
Chrableyine, Fès-Médine
30000 Fès
harmattan.maroc@gmail.com

Nos librairies en France

Librairie internationale
16, rue des Écoles – 75005 Paris
librairie.internationale@harmattan.fr
01 40 46 79 11
www.librairieharmattan.com

Librairie l'Espace Harmattan
21 bis, rue des Écoles – 75005 Paris
librairie.espace@harmattan.fr
01 43 29 49 42

Lib. sciences humaines & histoire
21, rue des Écoles – 75005 Paris
librairie.sh@harmattan.fr
01 46 34 13 71
www.librairieharmattansh.com

Lib. Méditerranée & Moyen-Orient
7, rue des Carmes – 75005 Paris
librairie.mediterranee@harmattan.fr
01 43 29 71 15

Librairie Le Lucernaire
53, rue Notre-Dame-des-Champs – 75006 Paris
librairie@lucernaire.fr
01 42 22 67 13

Déjà parus dans la collection Espaces interculturels

Fatima MOUSSA BABACI, *Devenir des victimes et prise en charge des traumatismes*, 2019.

Abdoul Hameth BA, *Dynamiques territoriales, migratoires et (inter)culturelles contemporaines*, 2019.

Anne-Françoise DEQUIRE, Sarah TOULOTTE, *Le travail social à l'épreuve des minorités en Europe*, 2019.

Michèle VATZ LAAROUSSI, Chantal DORE et Liliana KREMER (dir.), *Femmes et féminismes en dialogue. Enjeux d'une recherche-action-médiation*, 2019.

Tchirine MEKIDECHE, Fabienne TANON, *L'interculturel d'hier à demain. De la lente construction d'un champ épistémologique*, 2019.

Kalidou SY, Pia STALDER, Josianne VEILLETTE et Aline GOHARD-RADENKOVIC, *De la diversité fantasmée. Aux effets de réalités. Discours et pratiques*, 2019.

Dominique TIANA RAZAFINDRATSIMBA et Lolona N. RAZAFINDRALAMBO (dir.), *Interculturalité, circulation et globalisation, Nouveaux contextes et nouvelles pratiques,* 2018.

Fatima MEZZOUJ, *Parcours migratoire et trajectoires de vie des personnes âgées immigrées. Sociologie de l'accompagnement social*, 2018.

Elaine COSTA-FERNANDEZ, Patrick DENOUX et Odette LESCARRET (dir.), *Mobilités, Réseaux et Interculturalités. Nouveaux défis pour la recherche scientifique et la pratique professionnelle*, 2018.

Christelle KALINI, *La diversité en France. Un nouvel enjeu de société*, 2018.

Maksat SHOTAYEV, Jean RETSCHITZKI, *Composition de togyzkumalak,* 2017.

Ghazi CHAKROUN (dir.), *Cognition sociale, formes d'expression et interculturalité*, 2017.

Élisabeth REGNAULT et Elaine COSTA-FERNANDEZ (dir.), *L'interculturel aujourd'hui, Perspectives et enjeux*, 2016.

Kostanca CUKO, *La classe d'accueil*, 2016.

Maurice MAUVIEL, *Labyrinthe algérien. Passé masqué, passé retrouvé*, 2016

Rifat HAXHIJAJ, *Les jeunes d'origine kosovare à Genève. Les enjeux de leur période de transition vers la vie d'adulte*, 2015.

Sous la direction de Nabil HADJJI et Odette LESCARRET, *Les mouvements sociaux à l'épreuve de l'interculturel,* 2015.

Marie-Anne BROYON, Nilima CHANGKAKOTI et Margarita SANCHEZ-MAZAS (dir.), *Éducation à la diversité. Décalages, impensés, avancées*, 2015.

www.ingramcontent.com/pod-product-compliance
Lightning Source LLC
LaVergne TN
LVHW010934051026
849532LV00003B/971